AF495699

ÉLOGE

DE LOUIS,

DAUPHIN DE FRANCE,

PÈRE DU ROI:

Discours qui remporta le prix, en 1779, proposé par une Société, amie de la Religion et des Lettres; **Par M. l'Abbé DE BOULOGNE,** *Prédicateur ordinaire du Roi, et aujourd'hui Évêque de Troyes.*

*Nil opis externæ cupiens, nil indiga laudis
Divitiis animosa suis.....*
                      CLAUDIEN.

A PARIS,

Chez Adrien Le Clere, Imprimeur de N. S. P. le Pape et de l'Archevêché de Paris, quai des Augustins, n°. 35.

M. DCCC. XIV.

AVIS

DE L'ÉDITEUR.

On répète beaucoup, et on ne sauroit trop le rappeler à la mémoire des François, que Louis XVIII est le descendant de saint Louis, le fils de Henri IV, et de Louis XIV, le frère d'un Roi martyr, et de deux illustres Princesses, Clotilde et Elisabeth, ces deux ames célestes, dont la première va bientôt avoir des autels. Mais on semble oublier qu'il est le fils de Louis Dauphin, de ce Prince à jamais regrettable, auxquels le ciel avoit départis les plus beaux dons du cœur et de l'esprit : nous avons donc cru rendre service au public, et concourir à la gloire du Roi, et à celle de son auguste race, en publiant, dans les heureuses circonstances où se trouve la France, l'éloge de ce grand Prince, Discours qui a eu beaucoup de vogue dans le temps, et qui commença la réputation littéraire du jeune Orateur.

AVERTISSEMENT.

Une Société qui s'intéresse vivement au progrès de l'éloquence, proposa, à Paris, en 1778, un Prix de 1200 liv. pour l'Eloge de feu M. le Dauphin. Le concours fut nombreux ; mais la Société ne jugeant pas ses intentions remplies, ne couronna aucun Discours. Le Prix fut remis & doublé pour l'année suivante. Des Juges également recommandables par leurs vertus & leurs lumières, viennent de prononcer l'arrêt qui l'adjuge ; & quoique cet arrêt ne soit point émané d'un Corps Académique, je ne m'en sens pas moins honoré.

Fidèle aux termes du Programme, & toujours renfermé dans les bornes qui m'étoient prescrites, je n'ai peint le

Dauphin, que *comme un Prince dont la Religion a consacré les vertus, & dont la première a été de se dérober à l'admiration de son siècle.* Si ce dernier point de vue n'offre pas un champ bien vaste à l'éloquence, il n'en est pas moins intéressant pour toute ame sensible. On aime à voir un jeune Prince qui, avec tous les talens, n'en affecte jamais aucun; assez grand pour se suffire à lui-même; d'une trempe assez vigoureuse pour ne chercher dans la gloire ni dédommagement ni appui. Rien ne frappe dans ce tableau, mais tout y attache; on se sent pénétré par degrés; & s'il étoit un Lecteur qui ne crût pas à la vertu, il seroit tout surpris, à la fin du Discours, de la trouver dans le fond de son cœur.

Etranger aux intrigues par son carac-

tère, & aux affaires par sa place, le
Dauphin n'a pas pu nous offrir beaucoup d'événemens : mais les faits que
sa vie nous a transmis sont tous infi-
niment précieux. Tous supposent en
lui les plus beaux dons de la Nature.
De sorte qu'en faisant son Eloge,
j'étois surpris tout à la fois de la stéri-
lité des événemens, & de la fécon-
dité du sujet.

En célébrant le Germanicus de la
France, je n'ai fait qu'obéir à mon
cœur. Il est si doux de parler du bonheur même qu'on regrette ! Pouvois-
je mieux, d'ailleurs, honorer mes
foibles efforts, que de les mettre,
pour ainsi dire, sous les auspices de
la Vertu.

On ne sauroit trop applaudir aux
respectables Citoyens qui, dans leur

zèle noble & pur, ouvrent à l'ému-
lation publique une lice auſſi utile
qu'honorable, & ſe propoſent de
maintenir la Religion par l'éloquence,
& l'éloquence par la Religion. Puiſſent
ces nouveaux encouragemens ramener
parmi nous l'amour du grand avec
celui du vrai, & réveiller quelques
étincelles de ce beau feu qui brilloit
dans le dernier ſiècle !

ÉLOGE

ÉLOGE

DE LOUIS,

DAUPHIN DE FRANCE,

PÈRE DU ROI.

IL est une gloire pure & simple, qui
appartient toute entière au vrai sage; gloire
que la fortune ne peut ni lui donner, ni
lui ravir, indépendante des circonstances,
supérieure à la loi des temps, inaccessible

A

aux illusions de l'amour-propre ; qui n'impose, ni par de grands succès, ni par de grands spectacles ; d'autant moins équivoque, qu'étant toute dans l'ame, elle n'emprunte rien de l'opinion, ni de l'enthousiasme : c'est la vertu sans faste, comme sans effort.

Mais plus ce genre d'élévation exclut tout éclat étranger, moins aussi frappe-t-il le vulgaire. Toujours injustes ou toujours distraits, plus occupés des grands effets que des grands motifs, les hommes n'admirent guères que ce qui brille. Celui qui se contente de vivre sans remords, vit ordinairement sans gloire ; & comme si la plus belle récompense de la vertu modeste étoit de ne jouir que d'elle-même, rarement elle échappe à la censure ou à l'oubli.

Telle fut la destinée de LOUIS DAUPHIN. Plus jaloux de la paix de son cœur que du vain bruit des applaudissemens, plus empressé de devenir utile que de se montrer nécessaire, il resta inconnu à son siècle, dont il fuyoit l'admiration ; & parce qu'on ne remarqua point dans le cours de sa vie, de ces actions d'éclat qui remplissent les hiftoires, on oublia long-temps ces grands devoirs qui rempliffoient fes journées.

O vanité des Renommées ! O éternelle contradiction des jugemens humains ! Les uns ne voyoient dans le DAUPHIN qu'un efprit rétréci, peu fufceptible des idées vaftes & des vues profondes du gouvernement ; les autres, qu'un enthoufiafte pieux, plus vertueux par goût que par principes ; prefque tous, que le Fils d'un Roi qu'il falloit ménager, parce qu'on avoit de lui beaucoup à efpérer ou beaucoup à craindre.

Ainfi, foit que notre admiration fût alors entraînée par la rapidité brillante des événemens politiques ; foit que notre frivolité ne pût atteindre à l'héroïque fimplicité de fon caractère, l'erreur dura & les opinions flottèrent, jufqu'à ce que fa mort vint diffiper tous les nuages, fixer tous les jugemens, & nous révéler tout le fecret de fa grandeur. Alors tous les efprits fe réveillèrent : la Nation vit fa perte immenfe, les Etrangers prirent le deuil, l'Europe entière devint Françoife, l'irréligion elle-même reconnut le grand homme dans le Chrétien; tous les Citoyens à l'envi s'empresserent de le venger de leur injustice, ou plutôt de leur trop longue inattention, & nos éloges furent alors inépuisables comme nos pleurs.

Quinze ans après sa mort, une Société respectable, au risque de rouvrir les plaies de la Patrie, invite l'éloquence à le célébrer; d'autant plus digne de son Héros, qu'à son exemple elle cache sa générosité, & qu'elle veut, comme lui, rester inconnue. Auroit-elle pensé que les Panégyristes de ce Prince se fussent plus occupés de ses talens que de ses vertus, plus de ses vertus que de sa religion, qu'ils n'eussent point assez pénétré dans le sanctuaire de son ame, & qu'ainsi les grands traits de son caractère leur ayant échappé, LOUIS DAUPHIN eût été jusqu'ici plus célébré que connu, plus plaint encore que regretté? Voudroit-elle ranimer parmi nous l'éloquence visiblement déchue, si déja elle n'est point éteinte, en offrant aux talens des objets dignes d'eux? Quoi qu'il en soit, ses intentions font nobles, efforçons-nous de les feconder, en faifant l'hiftoire du jufte. Peignons dans le DAUPHIN une ame vraiment fublime; un Sage qui n'afpira jamais à n'être que lui-même; un Héros de tous les momens; un Prince qui, par fa modeftie, s'éleva au-deffus de fes propres vertus, qui fut fe confoler de fon obfcurité par fes travaux, de fes revers par fa confcience, penfer en Roi & vivre en fimple Citoyen; à jamais regretté par tout le bien qu'il fit, & plus encore par celui qu'il voulut faire: & raffemblant, fous deux vues générales, les traits épars de fa gloire, montrons-le comme un Prince d'autant plus digne de notre admiration, qu'il s'empreffe de la fuir; d'autant plus refpectable dans fes vertus, que la Religion les confacre.

IL paroît d'abord difficile de fuivre le DAUPHIN dans la route qu'il a tenue. Il fe plaît tant à fe réfugier dans l'oubli, à tromper nos recherches ; il aime tant les fentiers ignorés, qu'on défefpère prefque de l'atteindre : c'eft l'erreur de nos fens. Les vrais tréfors de la vertu ne fe trouvent jamais dans l'éclat qui la fuit, mais dans l'afyle obfcur & folitaire qui la cache. Ainfi, quand la Nature élabore fes fubftances les plus précieufes, elle ne produit point fon travail au grand jour, mais le recèle dans le fecret & la profondeur de fes mines.

Suivons donc le DAUPHIN à travers tous les voiles dont s'enveloppe fa fageffe. Confultons les confidens de fon cœur. Interrogeons ces écrits précieux, dignes fruits de fes veilles, où fa belle ame refpire encore ; épions tous les inftans où fa modeftie le trahit ; efforçons-nous de lui furprendre fon fecret, quand nous ne pourrons l'obtenir ; & le jugeant toujours à l'infu de lui-même, faifons parler jufqu'au filence de fa retraite.

'A peine dégagé des entraves de sa première éducation, le DAUPHIN se hâte de disparoître. A cet âge où le besoin de se répandre domine sur les autres besoins, où l'ame si long-temps captive veut s'échapper par tous les sens, & se précipite vers tous les objets, il forme le généreux dessein de se dérober à la foule pour se rendre tout entier à lui-même. Désormais il ne jouira de sa liberté, que pour jouir en paix de sa retraite. Il n'y portera point un cœur usé, mais une ame toute fraîche, que n'a point flétri le plaisir, que le dégoût n'a point désabusée. Obligé de la quitter souvent par devoir, il y reviendra toujours par attrait. Les nœuds de l'hymen ne feront que l'y attacher davantage, & sa Compagne, digne de lui, l'embellira sans la troubler.

Quel est cet éloignement invincible, qu'ont tous les hommes pour la retraite? Seroit-ce donc qu'ils sont trop foibles pour vivre sans appui? ou trop vains pour vivre sans témoins? ou bien trop misérables pour se passer de distractions? Il faut, pour s'y livrer, une ame peu commune; assez courageufe pour fe détacher de tous les objets qui féduifent, & affez pure pour ne pas craindre de foutenir long-temps la vue d'elle-même. J'ai dépeint l'ame du DAUPHIN. Un feul objet l'occupe tout entier, c'eft le plan raifonné qu'il vient de faire de fes travaux ; une feule vue l'effraye, celle de l'ignorance & de l'oifiveté. Dans un pareil état, que fa retraite aura de charmes ! Suivons-le dans cet afyle. Là, fon ame s'épure autant que fon génie s'élève. Tantôt, dans une paix touchante, il y jouit des délaffemens que lui préfentent les Beaux-Arts ; & tantôt effrayé de la rapidité du temps, il entend la Patrie qui lui demande compte de fes journées. Là, il commence lui-même une nouvelle éducation. « Il fent le tort » de fon enfance, & forme le projet de le » réparer » (a). Là, les plus grands objets fe développent fous fes yeux. L'antiquité lui déploye fes chefs-d'œuvres, & lui rend familières les plus belles productions du génie. Les Langues, après l'avoir conduit

____

(a) Expreffions de M. le Dauphin.

dans des déserts arides, l'introduisent enfin dans les champs les plus riches de la Littérature étrangère. La Philosophie, non cette inquiète & téméraire raisonneuse, mais ce guide fidèle, qui dirige l'esprit sans le corrompre, lui dicte ses sublimes leçons. L'Histoire, qu'il appelle lui-même « l'école » de la politique & la leçon des Rois » (a), lui raconte les crimes de l'ambition, les malheurs des Peuples, les grandes injustices des Nations, les fautes des Princes, la suite déplorable de leurs passions ou de leur ignorance, & les arrêts de la postérité qui verse sur leur nom la gloire ou l'infamie. C'est l'Orateur Romain qui le fait remonter jusqu'aux principes éternels de la conscience. C'est Mallebranche qui lui peint les erreurs de l'imagination. C'est Locke qui prévient celles de son intelligence. C'est Montesquieu qui lui découvre « des vérités utiles, » semées parmi des erreurs dangereuses » (b).

____

(a) Mss. du Dauphin.

(b) Mss. du Dauphin. « Je trouve, disoit-il encore, » que M. de Montesquieu raisonne en Philosophe,

C'eſt d'Agueſſeau qui le nourrit des grands
principes de la Monarchie Françoiſe. C'eſt
Fénélon qui le conduit à la ſageſſe ſur les
pas de la fiction. C'eſt Boſſuet qui l'élève
à la hauteur de ſes penſées. Quel vaſte
cercle il parcourt! que d'objets à la fois
viennent exercer ſa ſagacité, ou orner ſa
mémoire! Les différentes branches de l'Ad-
miniſtration, dont il ſaiſit tous les détails
& dont il embraſſe l'enſemble. Le Commerce, dont il peſe les avantages. Les Finances, dont il ne dédaigne pas les cal-
culs. Le Droit public, où il démêle les
loix de la force d'avec celles de la juſtice.
La Juriſprudence criminelle, où il diſtingue
le code de l'humanité d'avec celui de la
barbarie. Le chaos tout entier de nos inſti-
tutions qu'il débrouille, mer immenſe,
triſte monument des abus de nos peres,
inutile remède des maux préſens. La politique qu'il apprend dans la morale. L'art

---

» mais en Philoſophe trop Phyſicien ». Trait ſimple,
mais profond, qui caractériſe parfaitement l'Auteur
de l'Eſprit des Loix.

de régner, celui de tous qu'il étudie le plus, quoiqu'il le trouve dans son cœur. Rien ne rallentit ses efforts ; sa patience est inépuisable comme son génie. Rien de tout ce qui est utile n'est au-dessus ni au-dessous de lui ; & parmi ces différentes discussions souvent rebutantes, toujours laborieuses, le DAUPHIN est heureux, car il est oublié (1).

Nous ne craignons donc pas qu'il se prévaille de ses connoissances ; & que joignant la supériorité de ses lumières à celles de son rang, il veuille subjuguer l'admiration comme il commande le respect. C'est le défaut trop ordinaire des Princes, de vouloir mettre dans leur raison la même hauteur que dans leur naissance, & de chercher à dominer, par leurs opinions comme par leur pouvoir. Cultiver sa raison pour embellir son ame, & ne chercher dans ses lumières que de nouveaux moyens de devenir meilleur, c'est la grande ambition du DAUPHIN. Dans un épanchement que lui a surpris l'amitié, il fait part à un confident du résultat de ses études ; & aussi-tôt averti par sa modestie, il lui demande le fecret de fes connoiffances, comme fi c'eût été celui de fes foibleffes. Un illuftre étranger (2) l'entretient, fans le connoître : & quelle eft fa furprife, quand il apprend que ce jeune Officier, qui n'a rien de remarquable que fa modeftie, & rien de frappant que fes lumieres, eft M. le DAUPHIN. Admis au Confeil, dans un âge où l'ame eft pleine du fentiment de fes forces, il paroît y chercher les connoiffances qu'il y apporte. On croira qu'il apprend ce qu'il a médité des années entières. Il écoute en difciple, quand il peut parler en maître. Le feul indice qu'il donne de fa pénétration, eft la fageffe de fes doutes. Ce n'eft point cette circonfpection affectée qui n'eft pas loin du dédain, ni cette prudence orgueilleufe qui fe méfie bien plus des autres que d'elle-même : ici le DAUPHIN ne fe montre point, il ne fe cache point ; fa retenue n'eft point la réferve ; & fon filence eft d'autant plus modefte, qu'il n'a pas même la prétention de vouloir être impénétrable.

Toujours fidèle à fes principes d'obfcurité, il enveloppe ſes bienfaits du même voile dont il couvre ſes connoiſſances. L'hiſtoire de ſa vie nous a tranſmis les ruſes innocentes dont il ſe ſervoit dans ſon enfance, pour dérober à ſes inſtituteurs la prodigalité de ſes largeſſes (3). Mais ces mêmes moyens, employés alors par la crainte qui veut fuir les contradicteurs, le feront dans un âge plus mûr, par la modeſtie qui veut échapper aux témoins. Pour ſatisfaire le penchant généreux qui l'entraîne, il a recours aux privations, reſſource la plus conforme à ſa modeſtie, parce que c'eſt celle de toutes qu'il peut cacher le plus, & qui, en apparence, dédommage le moins l'amour-propre. Gêné par la reconnoiſſance qu'il impoſe, ſa bienfaiſance a une ſorte de pudeur : il craint de rencontrer les yeux de l'infortuné qu'il ſoulage. Sa félicité ſera complète, s'ils peuvent échapper tous les deux, lui, à la gloire de donner ; l'autre, à l'embarras de recevoir. Que d'autels élevés dans les cœurs à ce Dieu inconnu ! Et quand il ne peut réſiſter à la pure douceur d'eſſuyer lui-même des larmes, quand il veut être le témoin, non des bénédictions que lui donne le pauvre, mais du bonheur qu'il lui procure, alors quels égards touchans ! dirai-je, quel refpect pour fa fituation ! on douteroit s'il vient d'accorder un bienfait, ou de contracter une dette (4).

Un efprit fain, a dit le plus célèbre Moralifte du dernier fiècle (a), puife à la Cour le goût de la retraite & de la folitude. Cette penfée eft d'un grand fens. L'efprit, dont les vues font droites, ne cherche que la vérité ; & à la Cour, tout eft menfonge. Il ne s'occupe que de devoirs ; & à la Cour, tout n'eft qu'affaires. Il s'applique à connoître les hommes ; & à la Cour, ils vivent tous fous un mafque uniforme & trompeur. Nous concevons déja pourquoi LOUIS DAUPHIN, fixé dans ce féjour par néceffité, n'y paroît que par bienféance, & comment il ne laiffe échapper aucune occafion de s'exiler lui-même. Mais quand cet amour de la retraite n'annonceroit pas

______

(a) La Bruyere.

en lui un sage qui se méfie de son cœur, une ame forte & élevée qui fuit le tourbillon, de peur de s'égarer ou de se distraire, quel rôle plus sublime pour un DAUPHIN, que de se préparer ainsi, par une longue solitude, à commander aux hommes! que de s'essayer en secret à porter le fardeau d'une grande couronne; de faire précéder son règne d'un recueillement religieux, comme celui qui, dans un silence mêlé de crainte, est dans l'attente d'un grand événement. Combien ce recueillement est auguste! combien il imprime sur sa jeunesse un caractère vénérable! Y auroit-il au monde un objet plus sacré, plus digne d'une espèce de culte? Le Trône, en le plaçant plus haut, le rendra-t-il plus grand? On a dit que le meilleur des Rois, étoit celui dont on parloit le moins dans l'Histoire: ne pourrois-je pas ajouter que le plus grand des héritiers de l'Empire, est peut-être celui dont on parle le moins à la Cour.

Mais la malignité des hommes ne jugeoit point ainsi. Le DAUPHIN, qui ne

pouvoit pas être l'objet de leur envie,
devoit au moins être celui de leur cenſure.
Je vois tout ce vil peuple d'intrigans qui
penſent faire beaucoup de choſes parce
qu'ils font beaucoup de bruit, ſourire dé-
daigneuſement à ſa paiſible obſcurité. Je
les entends répéter, ſans rougir, qu'il ne
renonce à la réputation, que dans l'im-
puiſſance de la mériter ; qu'il n'affecte des
vertus modeſtes, que pour ſe diſpenſer
d'avoir des qualités brillantes ; & qu'enfin,
ce qu'on appelle amour de la retraite, n'eſt
en lui qu'une ruſe de la médiocrité, pour
être décemment inutile, ou de la pareſſe,
qui veut languir avec grandeur. Ils ſe de-
mandent, dans leur mépris ſuperbe, ce que
fait le DAUPHIN ? Ce que fait le DAUPHIN !
bas & lâches flatteurs, qui rampez à la
Cour ! & vous, vains diſcoureurs, qui lan-
guiſſez à la Ville ! eh quoi ! toute la vie
doit-elle donc ſe paſſer en ſpectacles ?
N'eſt-il donc plus d'occupations ſans mouvement, plus d'exiſtence ſans intrigue ? Et
le DAUPHIN ne ſera donc le premier des
courtiſans, que pour être le premier reſſort

des

des cabales, de vos plaifirs frivoles, ou de vos affaires encore plus frivoles que vos plaifirs ? Quoi ! parce qu’il travaille fans prétention, qu’il n’écrit que pour s’inftruire, qu’il ne s’inftruit que pour le devoir, & non pour la gloire, perdra-t-il à vos yeux le fruit de fes travaux ? Pour être obfcurs, en font-ils moins réels ? & faudra-t-il en mé-connoître l’importance, parce que vous n’en voyez pas les effets ? Ce que fait le DAUPHIN ! O peuple ! il ne fait rien pour la renommée, mais tout pour votre bonheur. Il fonge à foulager un jour vos miferes (5), à prévenir un jour vos befoins ; il calcule vos facultés & vos impôts. Il vient de re-fufer l’augmentation de fa penfion, en de-mandant qu’elle foit diminuée fur les tailles. Du fond de fon cabinet folitaire, il a vu vos triftes chaumières & vos campagnes défolées. Que ne peut-il y porter l’abon-dance ! que ne peut-il les parcourir lui-même ! Ah ! s’il ne craignoit pas que les dépenfes de cette entreprife ne vous fuffent trop onéreufes, ô peuple ! vous le verriez au milieu de vous ; fon cœur vient de former

B

ce vœu fublime : heureux, dit-il, s'il peut lui-même connoître vos reffources, pour empêcher qu'un jour on ne vous calomnie. Ce que fait le DAUPHIN! Demandez-le à tous ces fages qui l'environnent ; interrogez tous ces grands hommes qu'il raffemble, pour mettre à profit leurs lumières, leur propofer fes doutes : voyez-le devenir tour-à-tour leur difciple & leur admirateur, & quelquefois leur juge ; rapprocher, comparer les mémoires qu'ils ont compofés par fes ordres ; s'inftruire ainfi, tantôt par leurs difcours, tantôt par leurs écrits, & redemander enfuite à la nuit les heures que lui ont dérobé les entretiens du jour. Ce que fait le DAUPHIN! Ingrats ! vous le faurez trop tôt : vous l'apprendrez quand la mort vous l'aura ravi ; quand des écrits touchans, reftes immortels de lui-même, vous auront rendu les confidens de fes travaux, comme de fes penfées : vous y verrez alors tous les projets de fa grande ame ; celui de rendre aux mœurs leur vigueur antique ; celui de réprimer cette honteufe vénalité qui met l'or à la place de tout ;

celui de réparer, par une économie sévère, l'épuisement des Finances ; celui de réformer les Loix, de naturaliser ces étrangères, de les ramener à l'unité, & de les rendre invariables & simples, comme les Loix de la Nature, comme celles de l'Eternel, dont elles doivent être l'image. Mais en attendant qu'une aussi grande perte vous éclaire, pénétrez, si vous en êtes dignes, dans son sanctuaire paisible, & dussiez-vous le profaner, contemplez-y ce grand Prince au milieu de ses jeunes enfans, jettant dans leur ame encore flexible, les premieres semences de la vertu ; ne demandant au ciel pour eux que ce qu'il a demandé pour lui-même, un esprit droit, une ame simple ; s'avouant comptable à la Patrie de tout le bien qu'ils peuvent faire un jour ; cultivant sur-tout cette tige naissante dont la France, après lui, doit recueillir les fruits ; & puis, osez encore demander ce que fait le DAUPHIN.

L'histoire nous a peint ces Princes orgueilleux & farouches, qui confioient à leur retraite le soin de leur grandeur, & ne se renfermoient dans l'ombre, que pour tonner avec plus de majefté, comme la foudre dans la profondeur des nuages. Nous ne reconnoîtrons point à ces traits la folitude du DAUPHIN. Il n'en fortoit que pour raffurer la timidité & gagner la confiance. Ne craignons pas que cette habitude conftante de vivre encore plus avec les livres qu'avec les hommes, que cette fuite continuelle de la diffipation, altèrent en lui fes qualités aimables; ce don plutôt que ce defir de plaire; ce tact des bienféances, & cet art des ménagemens; cette politeffe vraie qui fait fe confondre fi bien avec l'affabilité, & cette prévenance tout à la fois noble & touchante, qui obtient d'autant plus de refpect, qu'elle accorde plus de familiarité. Une retraite philofophique eut pu fans doute dénaturer fon caractère & deffécher fon cœur; retraite de caprice & d'humeur qu'infpire la fingularité, qui fert d'afyle à la mifanthropie, que recherche la fauffe grandeur, pour ne pas fe montrer de près; où l'égoïfme fe réfugie pour fuir des hommes qu'il n'a ni le courage de fupporter, ni la volonté de fervir. Mais celle du DAUPHIN, cette retraite où la modeſtie conduit, où le devoir appelle ; celle qu'on ambitionne moins pour fuir les hommes, que pour s'étudier ſoi-même, moins pour peindre ſon ſiècle que pour travailler à le corriger ; cette retraite ne pouvoit affoiblir ni le charme de ſon caractère, ni la bonté de ſon cœur. Auſſi, verrons-nous le DAUPHIN paſſer tour-à-tour de ce recueillement de l'ame qui inſpire les grandes choſes, à cette effuſion du cœur qui s'épanche ſur les plus douces, & quand il le faut, ſur les plus indifférentes ; ſe livrer à tous les détails de la vie, comme s'ils euſſent dû remplir les inutilités & les vuides de ſes journées ; ſe proportionner à tous les objets ; allier les agrémens de l'eſprit avec l'auſtérité de la raiſon ; porter par-tout la dignité, & non le poids de ſes penſées ; & content de la ſociété & ſatisfait de ſa ſolitude, poſſéder ainſi le grand art de ſavoir vivre avec les autres autant qu'avec lui-même.

Le premier caractère de la modeſtie, c'eſt la ſimplicité ; ou plutôt ces deux vertus

se confondent toujours, & se soutiennent
l'une par l'autre. Le DAUPHIN n'eut pas
seulement cette simplicité de caractère qui
fait, sans faste, les grandes choses, & les
petites sans dédain ; il eut encore cette
simplicité d'extérieur, qui écarte tout luxe
& bannit toute pompe étrangère. Il ne
cherche pas plus à en imposer par sa parure
que par sa vertu, & tous les dehors de
sa personne sont populaires comme son
ame. Condamné par sa naissance à la repré-
sentation, on voit combien elle l'importune :
on sent qu'elle n'est à ses yeux que l'escla-
vage bien plus que le privilége de son rang ;
& toutes ces distinctions éclatantes altèrent
si peu sa simplicité naturelle, qu'elles deviennent les ornemens de sa vertu & la
parure de sa modestie.

Ah ! si ce grand Prince avoit pu vaincre
la rigueur de sa destinée ! il l'eût ramenée
parmi nous, cette simplicité vénérable, &
avec elle, l'amour des vrais plaisirs, l'ambition des vrais biens, le goût des choses
saines. On les eût vu renaître, ces jours
de notre gloire où nous n'étions point

aimables, mais où nous étions grands,
& son exemple, plus puiſſant que la loi,
eût à jamais proſcrit ce luxe corrupteur
qui rétrécit tous les talens à meſure qu'il
énerve toutes les ames, entraîne dans
une même chûte & le goût & les mœurs,
les arts & les vertus, & précipite la décadence inévitable d'un Peuple qui, à force
d'être poli, bientôt redeviendra barbare.

Nous penſons bien qu'un Prince de ce
caractère, qui cherche plus à mériter l'eſ-
time qu'à en jouir, plus à ſervir les hommes
qu'à les étonner, ne devoit pas attacher
un grand prix à leurs jugemens. Fixé ſur
des principes inaltérables, le DAUPHIN
n'eut jamais la foibleſſe de faire un ſacrifice
à l'opinion. Jamais la crainte de choquer
ſon ſiècle ne l'empêcha de dire une vérité
courageuſe, ni de donner un grand exemple.
Elle exiſtoit déja, comme elle exiſte maintenant, cette ſecte de beaux eſprits, qui
ſe croyent nés pour diſtribuer à leur gré,
les faveurs de la Renommée. Vains diſcoureurs qui prétendent ſuppléer les talens
par les prétentions, & le génie par l'audace.

Sans ceffe cabalant pour leur réputation, fans oublier de cabaler pour leur fortune ; fans ceffe s'agitant dans leurs inquiétudes toujours pénibles, dans leur ambition toujours trompée ; tolérans dans leurs principes, & implacables dans leur orgueil ; calomniant toujours le mérite qui les offufque, ou celui qu'ils ne protégent pas ; prôneurs pour être prônés ; & du haut de la dictature qu'ils fe font arrogée eux-mêmes, jugeant les lettres & les arts, les hommes & les fiècles, avec un defpotifme qui n'a ceffé d'être révoltant qu'à force d'être ridicule. Une voie courte & fûre s'offroit donc au DAUPHIN pour conquérir la réputation : il n'avoit qu'à louer leurs talens fans même adopter leurs principes, qu'à flatter l'écrivain fans approuver l'incrédule ; & les defpotes orgueilleux, ivres de cet encens, lui euffent même pardonné fes vertus, & d'un feul mot, il s'affuroit l'apothéofe : ménagemens indignes ! ils ne feront point faits pour mon Prince. « Nos grands » génies, difoit-il, nos Philofophes de » Paris doivent penfer qu'ils ont bien de

» l'efprit, & que le DAUPHIN en a bien
» peu (*a*) ». Il ne fe trompoit pas ; mais
il avoit placé fon ambition fi haut, il étoit,
par fes fentimens, fi au-deffus de leur
dédain, qu'il s'en applaudiffoit, fans fonger
même à le leur rendre. Eh ! qu'à donc
befoin des beaux efprits, celui qui veut
uniquement cultiver en paix la fageffe, fans
regarder autour de lui, & qui, content
de faire le bien, ne s'informe jamais fi les
hommes le favent. *Que dit-on de moi dans
Paris ?* demandoit fouvent le célèbre DUC
DE BOURGOGNE. Le DAUPHIN n'eut
jamais cette inquiétude, qui, d'ailleurs,
n'exclut pas la modeftie : heureux de fa
feule confcience, il attendit le jugement
des hommes, comme il devoit attendre
la mort, fans empreffement & fans crainte.

Je viens de le nommer, ce Prince ado-
rable, ce digne & tendre élève de Fénélon (*6*). Me feroit-il permis de me
repofer un inftant fur un objet fi doux ?
Ombre chère ! Ombre augufte ! mon cœur

____

(*a*) Vie du Dauphin.

éprouve en ce moment le befoin de s'occuper de toi. Plus je fuis plein de mon
Héros, plus ta mémoire m'eft préfente. Et
pourquoi ferois-tu étranger à cet Eloge?
Le DAUPHIN n'eft-il pas ton Fils? ne défira-
t-il pas que fes enfans te reffemblaffent?
n'eut-il pas tes deffeins, tes vertus, hélas!
ta deftinée? Peut-être les dût-il, ces vertus,
à la fainteté de ton fang qui coula dans
fes veines, à ton fouffle fublime qui infpira
fon ame. LOUIS DUC DE BOURGOGNE!
LOUIS DAUPHIN DE FRANCE! noms
à jamais précieux, qu'on ne fépare plus,
qu'on ne prononce plus fans attendriffement!
Jamais deux Princes ne méritèrent plus
d'être rapprochés; jamais le ciel ne réunit
plus de tréfors dans deux ames royales.
Celle du DUC DE BOURGOGNE fe rendit
plus vifible; il eut plus de ce caractère
impofant, d'une vertu qui fe montre:
celle de LOUIS DAUPHIN fut peut-être
moins expanfive; il eut plus de ce caractère touchant d'une vertu qui fe cache.
Trop long-temps éblouis, trop long-temps
fatigués de cet amas de malheurs & de

gloire, qui embellit & attrista tour-à-tour le règne d'un grand Roi, & le cours d'un grand siècle, les François durent saisir avec transport le spectacle nouveau de modération que leur offroit le DUC DE BOURGOGNE, & ses vertus pacifiques ne pouvoient faire que des enthousiastes. Dans des jours d'audace & de frivolité, de bel esprit & de mollesse, les exemples antiques de simplicité que donnoit le DAUPHIN, ne pouvoient être que dédaignés, & ses mâles vertus ne durent faire au moins que des indifférens. L'Héritier de LOUIS XIV fut l'idole de sa Nation : celui de LOUIS XV en fut le modèle. L'un fit les délices de la Cour ; l'autre en fut la censure. Celui - ci rencontra plus d'obstacles dans son siècle ; celui-là en trouva plus dans son caractère. Le DUC DE BOURGOGNE dut plus à son éducation ; le DAUPHIN, plus à la Nature. Peut-être que le premier n'eût rien été sans l'Auteur vertueux du Télémaque : nous pouvons dire, sans flatter le second, qu'il se créa lui - même. Ils eurent tous les deux une éducation difficile ; celle du DUC DE BOURGOGNE, parce qu'il oublioit trop souvent qu'il étoit Prince ; celle du DAUPHIN, parce qu'il ne l'oublioit pas assez. Ils furent tous les deux amis de leurs instituteurs : pleins de reconnoissance pour leurs services ; cruellement éprouvés tous les deux, le DUC DE BOURGOGNE, par la disgrace de l'Archevêque de Cambrai, & le DAUPHIN par celle du Duc de Châtillon : tous deux embrasés du saint amour des Peuples, tous deux enlevés au printemps de la vie, & tous deux à jamais regrettés, tant qu'il y aura en France des sentimens & de la vertu.

Mais puisque j'ai rappellé ici une des plus sensibles de nos pertes, il faut encore que je m'adresse à toi, auguste rejetton du Héros que je loue (*a*). Prince aimable, qui, dans un jeune enfant, annonçois déja un grand homme ! Quelle est cette fatalité attachée à ton nom ? Pourquoi de si beaux

---

(*a*) Louis-Joseph-Xavier, Duc de Bourgogne, Frère de Louis XVI, mort en 1761, à 9 ans & demi.

dons, & une si rapide existence ? Le ciel ne voudroit-il ici qu'honorer le sang de nos Rois ? ou nous le rendre doublement cher, & par les Princes qu'il laisse à notre amour, & par ceux qu'il ravit à nos espérances ?

Nul de nous n'a pensé sans doute que cette indifférence, que nous a montré le DAUPHIN pour les jugemens du vulgaire, ne fût en lui qu'un caprice farouche, & ce courage de principes qui lui faisoit braver les préjugés, qu'un absolu mépris pour l'opinion publique. Le DAUPHIN n'oublia jamais ni ce qu'il devoit aux Peuples, ni ce qu'il se devoit à lui-même. Indifférent sur leur admiration, il ne l'est point sur leur confiance. Plus soigneux, il est vrai, de travailler à sa vertu qu'à sa réputation, il n'ignore pourtant pas les grands avantages que sa réputation peut procurer à sa vertu. Il sait qu'une trop grande insensibilité à l'opinion publique, qui peut n'être qu'un défaut dans un homme ordinaire, devient toujours un vice dans un Prince; & que souvent, en conduisant les simples

Citoyens à l'indolence , elle entraîne toujours les Rois à l'aviliſſement. Ainſi, nous le verrons ſaiſir toutes les grandes occaſions pour déployer un grand caractère, & ſe montrer digne fils des Héros. Ainſi, quand les Miniſtres étrangers ſeront admis auprès de lui, il ſaura leur impoſer, par la pénétration de ſes vues, par la profonde connoiſſance de leurs Cours reſpectives, par l'étonnante facilité de parler leur langage, de démêler leurs intérêts, & obtenir ſur eux cet aſcendant de réputation qui leur fait reconnoître que l'*Enfant de l'Europe* (*a*) a déja mérité d'en devenir le Pere, & que ſa deſtinée n'eſt pas trop grande pour de ſi grands talens. Ainſi, oubliant ſeul ſon propre danger, il fera admirer ſa valeur aux champs de Fontenoy, en s'avançant, dans un moment affreux, pour rallier nos bataillons diſperſés, ranimer le ſoldat, appeller à grands cris l'honneur de la Nation (*b*),

─────────────────────

(*a*) Ce nom lui fut donné à ſa naiſſance, par tous les Ambaſſadeurs.

(*b*) Marchons, François, s'écrioit-il, où eſt l'honneur de la Nation.

& pour charger cette lente & terrible colonne, que le hafard avoit formé peut-être autant que le génie. Ainſi, quand de nouvelles diviſions ameneront de nouveaux combats, nous le verrons folliciter avec inſtance l'honneur du commandement ; & autant empreſſé de ſervir l'Etat à la tête des armées, que dans le ſilence de ſon cabinet, ne deſirer rien tant que de courir de l'ombre du Trône dans la carrière de la gloire.

Qu'ai-je donc fait ? ô Prince ! pardonnez, j'ai parlé de la gloire : ai-je donc oublié que je fais votre Eloge ? Et qu'eſt-ce que la gloire à vos yeux ? c'eſt le tourment des ames vaines, c'eſt la ſoif des cœurs deſſéchés. Qu'ils embraſſent ce fantôme, tous ces immortels éphémères ; qu'ils ſe ſauvent dans l'avenir, tous ces grands hommes du jour, ſi inutiles au préſent ; il eſt bien digne de leurs viſions, ce monde imaginaire. Mais vous, grand Prince, qui vivez ſous les yeux de Dieu, que vous importent les regards du monde ? qu'importe que la terre applaudiſſe, quand le ciel vous approuve ? Faire du bien aux hommes, voilà votre ambition ; ne rien attendre d'eux, voilà votre gloire.

J'en dis encore trop. Non, le Dauphin ne fit jamais ce retour sur lui-même ; il eût été pour lui trop voisin de l'orgueil. Je n'ai rien fait, dit-il sans cesse ; & son aveu est si senti, il croit si peu à ses vertus, que sa sincérité lui ôte même le pénible embarras d'être modeste. Si les acclamations & les bénédictions multipliées retentissent sur son passage, il en est tout surpris. « N'ad- » mirez - vous pas, s'écrie-t-il, ces bonnes » gens ? ils nous aiment, parce que nous » ne leur faisons point de mal ». Ce bon Prince se plaît à oublier qu'il fait tout le bien qui est en son pouvoir, tout celui qui dépend de son rang, tout celui qu'on peut attendre de sa jeunesse ; il ne se doute point des droits que ses travaux lui ont acquis sur la reconnoissance ; il ne soup- çonne point que son existence soit néces- saire, ou que sa perte puisse jamais exciter des regrets. Disons tout : il se regarde, sui- vons ses propres expressions, comme un

homme

homme inutile ; & c'eſt ici, ſans doute, la ſeule erreur qui l'ait jamais ſéduit.

Sentira-t-elle donc le vil beſoin d'être flattée, cette ame ſimple & vraie ? S'enivrera-t-elle aiſément de cet encens trompeur, qui fume auprès des Trônes ? Et croira-t-on que cette modeſtie inflexible qui vient de refuſer les hommages ſincères de la reconnoiſſance, accueillera le tribut impoſteur de l'adulation ? Mercenaires rampans, qui trafiquez de vos menſonges, portez ailleurs votre poiſon & vos baſſeſſes ; notre Héros ne connoît point d'autres amis que ſes cenſeurs. Par une loi nouvelle, le plus ſincère courtiſan ſera le plus habile ; & les témoins de ſes vertus, à l'exemple de l'auguſte Adélaïde, viennent de lui promettre d'être les juges courageux de ſes foibleſſes (7). Mais, à qui viens-je d'adreſſer la parole ? Les ſéducteurs ont déja fui : ſe ſont-ils même jamais montrés ? Auroient-ils pu ſoutenir un inſtant ſon aſpect redoutable ? J'en atteſte tous ceux qui l'ont connu : la ſeule reconnoiſſance fit à ſa mort ce que n'avoit jamais fait l'adu-

C

lation ; & par un privilége bien rare, s'il n'eſt point unique, la louange ne lui fût prodiguée que quand elle ne pouvoit plus le corrompre.

Quelle eſt donc cette ame rare & privilégiée, qui ne s'eſt jamais ſoutenue que par ſa propre force ? Quel eſt cet homme extraordinaire qui a ſu toujours réſiſter à la plus inévitable illuſion des Princes, celle de confondre la gloire avec la vertu, & le devoir avec la renommée ? Je me plais à faire cet aveu ; j'ai tenté de me conſoler de n'avoir pu faire l'hiſtoire de ſon règne, en ſongeant que je pouvois m'occuper tout entier de l'hiſtoire de ſon ame. Forcé de le ſuivre ſur le Trône, dans l'appareil de la Royauté, dans ſes rapports immenſes avec ſon peuple, avec le monde entier ; alors nous n'aurions pu le contempler aſſez dans ſa précieuſe obſcurité, dans le ſilence auguſte de ſa ſageſſe. Peut-être n'aurions-nous pu admirer aſſez cette partie de ſa gloire, qui n'en eſt pas la plus brillante, mais qui, ſans doute, en eſt la plus réelle ; ce cours uniforme

& tranquille de fa vie cachée ; cette continuité de jours, d'autant plus pleins qu'ils fe reffemblent davantage ; cet heureux concert de toutes fes occupations, qui, différentes dans leur objet, n'ont toutes que le même but ; ce travail affidu, image de celui de Dieu, toujours fécond fous l'apparence du repos ; cette fucceffion non interrompue de devoirs qui s'enchaînent les uns aux autres, & de toute la vie, ne font qu'une vertu.

La voilà donc, cette vertu fuprême, d'autant plus fublime qu'elle paroît moins haute. Cette fageffe qui ne mefure fa grandeur que par celle de fes devoirs, & non par celle de fes projets ; qui n'a rien d'exagéré dans fes entreprifes, comme dans fes moyens ; toujours héroïque, puifqu'elle n'eft jamais extrême, & que fe renfermant dans de juftes limites, elle n'a pas même la gloire de paroître un facrifice.

Ainfi, vingt ans de paix, de modération & de retraite n'ont pu être enlevés à notre admiration. Nous avons connu le DAUPHIN, malgré fa modeftie ; nous l'avons

C 2

entendu, malgré son silence : il a fui nos hommages, il n'a pas pu les éviter. Quoi donc ! & la vertu peut-elle se cacher ? N'at-elle pas son expression & son langage ? Peut-on la méconnoître à son aimable sérénité, à son autorité puissante & douce ? Ainsi, les siècles à venir pourront donc juger le DAUPHIN. Ils loueront, comme nous, ce mérite éminent qui le distingua toujours, le seul qu'il n'a pu nous cacher. Je parle de ce caractère de bienséance & de dignité, qui n'est pas la vertu, mais qui ne subsiste jamais sans elle ; de cette simplicité de mœurs, la plus forte digue peut-être que les Princes puissent opposer aux passions ; de cette modestie vraie, qui étoit encore plus dans son caractère que dans son extérieur ; de cet amour de l'ordre, la premiere vertu des Rois, parce que c'est la seule dont ils ne peuvent point abuser ; & enfin, de ce respect inaltérable pour la Religion, qui va mettre, dans cet Eloge, le dernier sceau à sa grandeur.

Nous l'avons déja pressenti : en admirant dans le DAUPHIN cette vertu sans art qui s'ignore elle-même, toujours au-dessus de la gloire comme au-dessus de l'opinion, nous n'avons pu la séparer de la piété ; nous avons reconnu que l'humanité seule n'auroit pu le porter à ce degré d'élévation ; & que pour s'y soutenir long-temps, il falloit au DAUPHIN un guide plus parfait que la philosophie, un point d'appui plus sûr que la raison.

En faisant l'Eloge de son amour pour la retraite & de sa sublime simplicité, nous avons donc fait celui de sa Religion. Il ne s'agit plus maintenant que de montrer, d'une manière plus directe, l'influence particulière qu'elle a sur ses actions, le degré d'énergie qu'elle donne à ses idées, le caractère de grandeur qu'elle imprime à tous ses sentimens.

Nous ne dissimulerons point ici ses premieres imperfections, car nous ne saurions dire ses vices. Nous ne craindrons point

de rappeller ces nuages légers qui obfcur-
cirent un inftant fon aurore. Peut - être
qu'il en faut à la vertu comme à l'aftre du
jour, pour briller d'un plus vif éclat. Peut-
être qu'ils entrent même dans la compo-
fition de fa grandeur ; & que pour fe connoître, elle a befoin de fes défauts, comme
pour s'affermir, elle a befoin de l'infortune.
Une impétuofité de caractère, qui femble
faire craindre les grands orages des paffions (8) ; une ardeur d'imagination qui
l'emporte toujours au-delà du but ; une
indolence pour le travail, à laquelle fuccède
une activité fans objet ; une inconftance
que rien ne fixe ; une indocilité d'humeur
qu'irrite toute contradiction ; une fierté de
caractère (9), utile quelquefois quand elle
vient de l'ame, toujours dangereufe quand
elle vient du rang : tels font les premiers
traits fous lefquels le DAUPHIN s'annonce.
Déja font prêts de s'alarmer les Sages
qui veillent fur lui ; vains préfages des
hommes ! fon cœur ne s'eft encore ouvert
qu'aux impreffions de la nature : attendons
que la Religion fe foit emparée de fon ame,

& les obstacles même se changeront en moyens ; & sa vague impétuosité se tournera toute entière en un travail utile ; son ardeur d'imagination en une sensibilité tendre ; son impérieuse fierté en un sentiment noble, qui deviendra la grandeur. Déja l'heureuse révolution s'opère ; la Religion agit sur son esprit & sur son cœur. Les premieres impressions s'effacent ; sa violence naturelle, il la réprime ; son inconstance, il la fixe ; son indocilité, il la dompte. L'homme ainsi subjugué va nous montrer un Chrétien sublime. En parcourant l'histoire de ses Ancêtres, ses yeux se fixent sur le plus saint. Ils s'arrêtent avec délices sur l'image de ce Prince immortel, qui laissa entre lui & son siècle une si grande distance, & qui sut nous montrer que le vrai génie du Trône, c'est la vertu. Presque par-tout il n'a vu que des vices éclatans & des célébrités mensongères: il admire dans LOUIS IX une grandeur toute fondée sur le devoir, & le devoir sur la piété ; son choix est fait, il le prend pour modèle. Au nom de S. Louis, son cœur palpite avec émotion, il brûle de lui reſſembler ; ſans ceſſe il le cite, ſans ceſſe il l'admire : l'ame de ce pieux Monarque ſemble encore reſpirer dans la ſienne. Même reſpect pour la pudeur, même courage contre la volupté. Pas un égarement dans l'âge des foibleſſes ; pas même un ſeul oubli dans ces jours d'efferveſcence, où les Princes ſur-tout mettent, au nombre de leurs vertus, tous les excès qu'ils ne commettent point. Auſſi, je ne ſuis pas ſurpris que la plus religieuſe des Reines ſe croye la plus fortunée des mères, & qu'elle diſe avec tranſport : « le Ciel ne m'a donné qu'un » fils, mais il a pris plaiſir à le former ».

Il ne pouvoit trop tôt ſe jetter dans les bras d'une Religion conſolante. Son premier pas dans la vie devoit être pour lui la première leçon du malheur. Il vient de s'unir à l'Infante ; à cet âge où les attachemens ſont ſi vrais, les amitiés ſi tendres ; où la paſſion, à force de ſincérité, ſe confond avec la vertu ; où l'amour même, dans une ame pure, a tout le charme de l'innocence. Leurs goûts ont une heureuſe conformité, leurs cœurs s'entendent, ils se promettent des jours sereins : illusion trop vaine ! un lit de mort remplacera bientôt la couche nuptiale ; & des fêtes de l'hymen aux scènes lugubres du deuil, il n'y aura qu'un instant. Il a déja perdu la moitié de lui-même, & avec elle, le charme de sa vie, tout le bonheur de sa jeunesse. Laissons pleurer ce Prince malheureux : c'est ici que l'on aime à voir échouer toute la fermeté du Sage. Soit que l'on sente alors que ses larmes honorent l'humanité , ou plutôt qu'elles le rapprochent de la foiblesse commune, on se plaît à les voir couler, & on ne lui pardonne son courage que lorsque, soutenu par la Religion, ce n'est plus la force de l'homme, mais la force de Dieu que l'on admire en lui. C'est le spectacle que nous offre LOUIS DAUPHIN. D'abord, la nature succombe ; cette ame aimante n'a plus de vie que pour se pénétrer des horreurs de la mort. Mais la Religion viendra bientôt au secours de la nature. Long-temps il est inconsolable , mais il l'est en Chrétien ; & ses pleurs intarisfables, en lui laiſſant toute ſa foi, ne ſervent qu'à prouver juſqu'à quel point il eſt capable de porter la tendreſſe.

Ce n'eſt encore ici que le commencement de ſes épreuves. Un nouveau coup ſe prépare, & ſon cœur doit être encore déchiré entre ſon Epouſe & ſon Fils. Cette fleur tendre ſe deſſeche, elle eſt tombée ſans retour. Le voilà condamné à pleurer ſur deux tombes. Il nous a peint lui - même l'égarement de ſa douleur (10). Tout lui rappelle ſon aimable DUC DE BOURGOGNE, ce premier objet de ſes ſoins; tout lui en retrace les traits; ils ſont gravés ſur les *murs qui l'entourent ;* par-tout il croit le voir, par-tout il croit l'entendre : délire reſpectable ! nous n'aurons donc que cette vertueuſe foibleſſe à lui reprocher dans ſa vie. Mais tandis que ſa tendreſſe ſe plaît ainſi à ſe nourrir d'illuſions, ſa piété lui prépare des conſolations plus réelles. Il fait bien plus que de montrer du courage, il a de la réſignation, cette vertu céleſte qui peut ſeule donner au Sage le droit d'être ſenſible ſans foibleſſe, & courageux ſans orgueil.

Mais à quelle épreuve déplorable sa sensibilité est-elle réservée ? ô crime ! ô attentat ! le fanatisme arme le bras d'un sacrilége ;
& les Annales de la France sont souillées
d'un parricide de plus. Qui nous expliquera
ce qui se passe alors dans l'ame du DAUPHIN ?
Qui nous racontera ses mortelles alarmes ?
Par quelles expressions son désespoir s'ex-
hale ! Par quelles effusions sa tendresse
s'épanche ! Dieu puissant ! venez donc au
secours de votre ami fidèle : si votre bras
ne le soutient, un nouveau danger nous
menace. La France ne craint plus pour
les jours de son Roi ; le DAUPHIN tremble
encore. Ouverte enfin à l'espérance, son
ame ne l'est point encore à la joie : il se
dispute le plaisir de s'y livrer. O ses tendres
amis ! ne cherchez point à le distraire ; il
est une douleur qu'on ne soulage que par
le sentiment qui la nourrit. Toujours fixé
sur l'image de l'attentat, il lui semble
« qu'il vit dans un autre siècle, & qu'il est
» dans l'horreur d'un songe » (11). Dans
cet affreux moment, il accourt aux pieds
des autels : c'est dans le sein de la Reli-

gion qu'il répand fon ame. Il fe profterne
devant le grand Dominateur qui brife, en
fe jouant, les Trônes : mais après s'être
humilié fous la main de l'arbitre fuprême
des Rois, il fe relève avec une nouvelle
force ; dans le trouble de fa douleur, il
nous laiffe admirer tout le fang-froid de
fa fageffe. Ses oracles ont rendu la confiance au Confeil, fes ordres ont remis
le calme dans les efprits, fon courage a
paffé dans l'ame des Miniftres, & l'un
d'eux s'écrie, dans les tranfports de fa
furprife : « quelle tête ! chacune de fes
» paroles eft un trait de lumière » !

Rappellerai-je encore ici la tragique
aventure & cette chaffe trop malheureufe,
qui devoit lui coûter tant de larmes ?
Peindrai-je la défolation & la douleur
inépuifable de cette ame fenfible ? Comme
il fe précipite fur la victime infortunée
d'un coup involontaire ! comme il l'ar-
rofe de fes pleurs & lui prodigue les foins
les plus touchans ! Eft-ce fon Ecuyer ? eft-
ce fon Fils ? il le confie aux plus habiles
Maîtres ; il s'informe de fon état de mo-

ment en moment; les témoignages étrangers ne lui fuffifent pas, il s'agit de la vie d'un homme; l'intérêt eft trop grand, il ne s'en rapportera qu'à lui - même. Qu'on ne lui dife point que fa main feule a été coupable, qu'il ne doit point expier, comme un crime, ce qui n'eft qu'un malheur; vains difcours! ils calmeroient une ame ordinaire. La fienne eft trop profondément bleffée. L'ombre fanglante du malheureux Chambord le pourfuit fans relâche, elle l'obfédera jufqu'au bord de la tombe. Il écrit à la veuve (12), il adopte le fils, il comble de bienfaits la famille. Tant de réparations n'ont point fuffi à fa douleur. Il ne croit point qu'on puiffe racheter le fang humain avec de l'or, & qu'on répare un auffi grand malheur par des graces. Il faut à fa vertu une plus noble expiation, la feule qui puiffe coûter à un Prince, la feule digne d'un Chrétien, celle des facrifices. Il fe l'interdit pour toujours, ce plaifir innocent, qui a pu devenir fi funefte. On ne l'a point affez cité, ce trait fublime. Des Orateurs même ont été affez malheureux pour l'ignorer, je n'ofe dire pour le taire. On ne l'a point affez répété dans les Cours, affez mis fous les yeux des Princes. On n'a point affez dit que l'Héritier de la Monarchie Françoife crut s'acquitter à peine envers l'humanité, en payant la perte d'un homme de toutes fes larmes, en expiant le crime du hafard par le facrifice de fes plaifirs, & par un défef-poir auffi long que fa vie. O Prince ! je vous rends graces d'avoir donné un fi bel exemple à la terre. Nous dirons maintenant que le Prince le plus religieux fut auffi le plus humain. Nous dirons qu'il puifa dans le Chriftianifme cette profonde fen-fibilité, ce faint refpect pour la vie des hommes, qui eft un de fes premiers dogmes. Ah ! il n'eft donc pas vrai que la Religion endurciffe & deffeche les ames. C'eft l'incré-dulité, c'eft la morale calculante de nos jours, c'eft l'égoïfme fyftématique qui nous fait per-dre tout fentiment à force de raïfon ; & dans fa trifte indifférence, nous invite à tout difcu-ter pour nous apprendre à ne plus rien aimer.

On ne peut donc fe le diffimuler ; le D A U P H I N ne fut pas heureux. Ses

plus beaux jours furent les plus obſcurcis.
Frappé par les endroits les plus ſenſibles,
dans ſes rapports les plus doux, dans ſes
liens les plus chers, dans ceux d'Epoux,
de Père, de Fils, de Maître ; on ne ſau-
roit ici ſe défendre d'un ſentiment de triſ-
teſſe : on ſe demande, en ſoupirant, ſi c'eſt
donc-là le ſort de l'homme juſte ? Témé-
raires ! que faiſons-nous ? Qui peut donc
ici-bas juger ſa deſtinée ? Nous ſommes-
nous jamais élevés à ſa hauteur ? Savons-
nous ce que vaut un ſeul jour de vertu ?
Nous voyons ſes épreuves, connoiſſons-
nous ſes dédommagemens ? Ah ! croyons
que ſes larmes n'altèrent point ſa paix,
que peut-être elles ſont ſes plus ſublimes
jouiſſances ; & avant de le plaindre, cher-
chons-lui ſur la terre une plus grande deſtinée, que ſon triomphe ſur le malheur.

La même Religion qui le ſoutint dans
ſes revers, forma auſſi ſes attachemens.
L'inclination pouvoit bien d'abord lui déſi-
gner ſes amis, la ſeule vertu les lui donnoit. Qu'elle étoit ſur-tout reſpectable,
cette amitié qui l'uniſſoit au plus auſtère

des courtifans, comme au plus humain des guerriers (*a*). Combien étoit-elle loin de nos mœurs, & combien étrangère à ce fiècle, cette tendre union de deux cœurs que fembloient éloigner la diftance des rangs & la différence des âges ! C'eft la jeuneffe qui reçoit les confeils de la maturité. C'eft l'Héritier d'un grand Monarque, dans qui le befoin de s'unir à une ame digne de lui, l'emporte fur les froides réferves qu'impofe fa naiffance. Qu'on aime à fe repréfenter le DAUPHIN traçant lui-même, de fa main, cette prière vraiment touchante (13), & l'adreffant chaque jour au Dieu des armées ! comme fi, dans fa fimplicité, il n'eût ofé fe livrer à l'abondance de fon cœur ; ou qu'il eût cru que pour parler à Dieu de fon ami, il devoit employer un langage plus folemnel. Qui peut lire cette prière fans attendriffement, ou ne pas fe fentir meilleur après l'avoir lue ? Serois-je ici féduit par trop d'enthoufiafme ? Jamais LOUIS DAUPHIN ne

----

(*a*) M. le Maréchal du Muy.

m'infpira

m'infpira un intérêt plus tendre, & la prière qu'il fait au ciel, la prière qu'il compofe lui-même, non pour un flatteur qui l'encenfe, mais pour un cenfeur qui le reprend, eft, à mes yeux, l'expreffion la plus fublime de l'amitié, & un des beaux fpectacles que puiffe nous offrir la vertu.

Seroit-il moins intéreffant dans fon intimité avec fes Sœurs auguftes ? dans cet accord invariable & pur comme la Religion, qui en étoit la bafe ? Quels doux épanchemens ! quels innocens plaifirs ! quelle fociété touchante ! Là, tous les cœurs étoient communs comme toutes les penfées. Là, fe formoit un afyle inacceffible au torrent de la corruption. On y parloit de principes dans des jours d'impiété, de projets utiles dans un fiècle de décadence. La trifte vérité dont le courage étoit enchaîné par le refpect, venoit s'y confoler dans le fein des vertus ; & qui fait fi ce n'eft point fur-tout à celles du DAUPHIN, à l'éloquence de fes leçons, que la Religion doit ce grand & rare triomphe d'une victime augufte, que l'Europe étonnée a vu fe dépouiller des lys éclatans des BOURBONS, pour embraſſer les ſaintes rigueurs de la croix?

Pénétrons plus avant dans l'ame du DAU-PHIN, nous la verrons toujours chrétienne. S'il répand des largeſſes, il préfere toujours ces victimes doublement auguſtes, que conſacrent la vertu & le malheur, & ſa bienfaiſance eſt charité. S'il cache ſes vertus, c'eſt qu'il les rappelle à leur véritable ſource, & ſa modeſtie eſt humilité. S'il réprime cette exceſſive vivacité d'eſprit, qui dégénère trop ſouvent en railleries piquantes, c'eſt qu'il la voit contraire à la douceur chré-tienne, & ſa retenue eſt mortification. Si ſon cœur s'ouvre encore aux feux d'un amour chaſte, s'il parvient enfin à ſur-monter la répugance qu'il a de partager, avec Marie de Saxe, un cœur trop plein encore de ſa première Epouſe, c'eſt un nouvel hommage qu'il rend à la piété; c'eſt par elle que Marie triomphe. Suivons-le dans ſes travaux, dans ſes plaiſirs, dans le tourbillon des affaires, dans le tumulte des armes, par-tout la ſainte idée de Dieu le ſoutient & l'anime. Dieu eſt dans ſon ame ce qu’il eſt dans l’univers ; communiquant à tout le mouvement , dirigeant tout par l’impreſſion de ſa main ſouveraine.

Que la Religion eſt grande ! Combien elle eſt ſublime dans les ſentimens qu’elle produit , comme dans les objets qu’elle contemple ! Qui nous dira tant de merveilles à la fois ? La raiſon perfectionnée ; l’inſtinct ennobli ; le règne des ſens reſſerré pour étendre celui de l’ame. L’homme enchaîné pour le rendre plus libre ; l’homme abaiſſé pour l’élever plus haut. De grands ſecours offerts ſans ceſſe à de grands combats , de grands motifs à de grands ſacrifices , de grands exemples à de grands devoirs. Dieu qui ſe mêle à tout , commande les vertus & les inſpire , devient la fin & le moyen, le témoin & le juge ; & dans la profuſion de ſes bienfaits , daigne ici-bas nous communiquer, par la foi, ce qui eſt inviſible ; par l’eſpérance, ce qui eſt éternel.

Par quelle étrange illuſion le ſentiment le plus auguſte du cœur humain en devient-il ſi ſouvent le plus rétréci ? Par quel mélange inconcevable cet or ſi pur s’obſcurcit-il ?

Que peut-il y avoir de commun entre la
vérité & le préjugé, la piété & la fuperſtition ? Et comment voyons-nous rapprocher ſi ſouvent tant d'extrêmes ? les plus
hautes contemplations & les idées les plus
rampantes ; des occupations toutes céleſtes
& des pratiques puériles ; enfin, les vains
ſonges de l'homme & les penſées immor-
telles de Dieu ? Tout doit-il être en nous
marqué au ſceau de la caducité ? Faut-il
que l'homme imprime ſur ce qu'il y a de
plus divin, l'image de ſa mort ? Et ſommes-
nous donc irrévocablement condamnés à
attendre un nouvel ordre de choſes, pour
que la vertu ſoit ſans préjugé, & la Religion ſans foibleſſe ?

Ne craignons rien pour le DAUPHIN;
ſon culte ſera pur comme ſon cœur. Il
voit la Religion ſous ſon vrai point de
vue : il l'étudie chaque jour dans ſa ſource :
chaque jour il conſulte ces Oracles divins
qui ne trompent jamais que le ſuperbe
ſcrutateur. A l'étude il joint la prière ; pourroit-il s'égarer ? Convaincu que la Religion
ne ſouffre rien d'humain, que tout ce qui

n'eſt pas grand la dégrade, il y porte cette nobleſſe de ſentimens, cette hauteur d'intelligence digne de la Fille du Ciel. Zélé ſans fanatiſme ; toujours ſoumis, jamais crédule ; humble, mais éclairé ; tout eſt ſage dans ſes vertus, parce que rien n'eſt foible dans ſes lumières. Quand proſterné aux pieds des Autels, il montroit, par ſon recueillement profond, que les Princes ne ſont rien devant Dieu : lorſque, pour célébrer l'Être ſuprême, il ne dédaignoit pas de mêler ſa voix avec celle du Peuple, & que rigide obſervateur des ſaints préceptes, il ne trouvoit, dans ſon élévation, qu'une raiſon de plus d'y être fidèle, l'orgueil philoſophique ſourioit en pitié : comme ſi l'homme pouvoit jamais deſcendre quand c'eſt la foi qui l'abaiſſe, ou qu'il eût, dans ſon indigence, un plus noble moyen de s'élever vers Dieu, que le témoignage éclatant de ſon entière dépendance. Egalement éloigné des vains ſcrupules d'une ame étroite ; de ces rafinemens de ſpiritualité, où l'imagination a plus de part que la vertu ; de ces dévotions arbitraires, où le

goût conduit plus que la règle ; de cette
piété chimérique , qui ne fe crée des fan-
tômes brillans que pour fe difpenfer des
devoirs ordinaires , le DAUPHIN ne fut
être que Chrétien & fidèle.

C'eſt cette vraie & folide piété qui lui
fait dire « qu'un Prince ne peut guères être
» un homme d'oraifon, mais qu'il doit mé-
» diter fur fes devoirs ». C'eſt elle qui
l'engage à employer une plume favante (a)
pour fe procurer des réflexions journalières ;
« mais des réflexions , difoit-il , remplies
» de penfées fans aucune phrafe , pour
» avoir de quoi méditer ». C'eſt elle qui
lui fit toujours abhorrer les abus du pouvoir,
ces coups d'une autorité arbitraire ; qui le
tint toujours en garde contre les furprifes
de l'impofture & la lâcheté des délations.
Elle qui lui apprit que dans les grandes
places, il faut autant fe méfier des artifices
des méchans que de fa propre vertu, parce
que celle-ci eſt toujours prompte à s'a-
larmer, toujours facile à fe laiffer féduire,

____

(a) Le Père Griffet , Jéfuite.

toujours prête à frapper au feul nom de confcience ; & que l'on voit ainfi le plus beau don du Ciel devenir trop fouvent, dans des hommes puiffans, le plus grand fléau de la terre.

C'eft cette Religion toujours éclairée qui le convainc que l'économie eft la vraie générofité des Princes, que leurs faveurs ne font que des ingrats, que leur feule juftice peut faire des heureux, « & que » l'excès dans les récompenfes eft, pour » la Monarchie, un figne de décadence, » parce qu'il prouve que les principes font » corrompus, & l'honneur affoibli » (a). C'eft elle qui lui infpire encore ces maximes : « Qu'il eft bien plus beau d'être les » délices que la terreur du monde : qu'un » Prince qui n'entreprend la guerre que » pour fa gloire perfonnelle, eft en hor- » reur à Dieu & aux hommes » (b) ; & qu'il eft temps enfin qu'on dévoue à l'opprobre tous ces brillans déprédateurs qui

____

(a) Mff. du Dauphin.
(b) Mff. du Dauphin.

n'ont de grands talens que pour de grands
défaftres, & des fuccès que pour le deuil
de l'Univers. C'eft elle qui lui fait donner
à fes enfans cette leçon continuelle : « Que
» tous ceux qui le fervent font plus grands
» que lui, s'ils font plus vertueux ». O jour!
où ce grand Prince, pour imprimer bien
avant dans leur ame encore tendre, le
fentiment de l'égalité primitive, ouvre
devant leurs yeux le regiftre public où
font infcrits, fans diftinction de rang, tous
les enfans d'une mère commune; leur montre
des noms obfcurs qui précèdent des noms
auguftes; le Fils des Rois mêlé avec le
Fils du Pauvre ; leur peint enfuite toutes
les conditions à jamais confondues devant
la fouveraineté de Dieu, & toute la préémi-
nence des titres effacée comme une ombre
devant celle de la piété ! Sainte Religion,
vivez donc dans l'ame des Princes ; c'eft
à vous feule qu'il appartient de leur donner
de grandes leçons. La raifon leur dira qu'ils
font hommes, vous feule le leur ferez
fentir ; vous feule pouvez brifer leurs ames
hautaines, les fatiguer fous leur propre foi-

blesse, & abaisser leur grandeur empruntée devant la majesté éternelle de la vertu.

C'est cette piété vraiment éclairée, qui le rendit juste appréciateur des droits sacrés du Sacerdoce & de l'Empire. Il a suivi cette longue rivalité si féconde en scandales. Il a vu « l'ambition s'efforçant des deux » côtés d'augmenter son pouvoir, en obscur- » cissant les idées » (*a*). Il entreprend de les éclaircir. Guidé par des Oracles res- pectables, il marque les excès, il pose les limites (14). Dans une sainte impartialité, il reconnoît que la puissance du Clergé est celle de la vérité ; sa grande force, celle de la persuasion. Que le glaive des Rois leur donne le droit de défendre les Peuples, & non celui de les instruire ; & portant sur ce grand résultat un coup-d'œil vaste & sûr, il conclut que c'est de l'union de ces deux pouvoirs également subordonnés, ou plutôt également indépendans , que résultent la force & l'harmonie de la cons- titution monarchique ; qu'ils ne se nuisent

____

(*a*) Mss. du Dauphin.

que quand ils fe choquent ; qu'ils ne s'em-
barraffent que quand ils fe confondent ;
qu'ils ne fe foutiennent l'un par l'autre,
que lorfqu'ils ne fe mêlent point ; & que
le mur de féparation ayant été pofé par
Dieu même, tous ceux qui tentent de
l'ébranler, font également facriléges.

Convaincu de ces grandes maximes, qui
font celles même de la Monarchie, le
Dauphin s'étoit propofé de foutenir avec
vigueur la dignité de fa Couronne, fi jamais
les Miniftres faints étoient affez peu jaloux
de leur véritable grandeur pour afpirer à
un Empire qui fût de ce monde. Mais un
devoir non moins cher à fon cœur eût été
de protéger cette puiffance qui doit nous
être d'autant plus facrée, que fes entreprifes
ne font plus redoutables ; de venger l'autorité facerdotale des attentats de la licence;
de frapper le novateur qui voudroit remuer
les anciennes bornes, & de dire aux pro-
fanes : vous irez jufques-là. Qu'on ne nous
parle point de fuperftition & de foibleffe.
N'y auroit-il donc plus de milieu entre la
foibleffe qui cède, & l'audace qui entre-

prend? entre la fuperſtition qui révère tout, & la témérité qui renverſe tout? Quoi! la vertu fera-t-elle plus reſpectée, quand ſes Apôtres n'auront plus de pouvoir? Les mœurs feront-elles plus pures, quand on avilira leurs cenſeurs naturels? Ne faut-il plus révérer leur miſſion, parce qu'il n'eſt plus temps d'exagérer leurs privilèges? & parce que nous ne ſommes plus barbares, faudra-t-il être impies? Etrange Politique! qui en expliquera la cauſe? C'eſt la dépravation qui s'indigne de toute eſpèce de barrière; c'eſt le mépris de toute autorité; c'eſt l'impatience de tout joug; & les frondeurs irréligieux ne veulent plus de Prêtres, que parce qu'ils abhorrent les Rois.

« Le Clergé, diſoit le DAUPHIN, ſert » de bornes au deſpotiſme, ſans lui oppoſer » de violence » (a). Belle maxime dans la bouche de l'Héritier d'un Trône, ne fût-elle pas évidente en ſaine politique. Il l'avoit bien ſenti, qu'un ordre de Citoyens qui, ſans ceſſe, rappelle aux Rois la puiſſance de Dieu; qui, ſans ceſſe, leur dit

____

(a) Mſſ. du Dauphin.

que la Religion n'eſt point leur ſujette ;
qu'il eſt un pouvoir ſur la terre dont ils
ne ſont pas la ſource ; à qui le Ciel a con-
fié le noble ſoin de leur dire la vérité,
eſt le frein le plus propre à réprimer la
tyrannie. Que d'inviter les Rois à porter
l'encenſoir, c'eſt leur dire qu'ils peuvent
tout oſer ; & que s'ils parviennent jamais
à uſurper des droits que tous les ſiècles
ont reſpectés, ils s'accoutumeront bientôt
à ne voir rien de ſaint que leur Couronne,
rien de ſacré que leurs caprices (15).

Vrai Enfant de l'Egliſe, le Dauphin
n'en eût été que Père plus tendre de ſon
Peuple. Auroit-il jamais pu abuſer de ſa
puiſſance , celui qui cherchoit ainſi un
juſte tempérament à l'autorité ? « Toute
» puiſſance, diſoit-il, vient de Dieu, &
» doit retourner à lui ſeul » (a). Combien
la Royauté doit être ſainte pour celui qui
la voit dans une ſource auſſi pure ! Combien
elle eſt ſacrée aux yeux du Prince qui n'en-
viſage dans le Trône de l'homme que le

(a) Mſſ. du Dauphin.

Trône de Dieu, & dans la puiſſance des Rois, que la puiſſance du Ciel même ! Mais il faut encore écouter ce grand Prince.

« N'admirez-vous pas la ſainteté par excel-
» lence qui réſide dans Dieu, ſon amour
» pour le bien, ſa bonté qui nous aime
» avec tant de tendreſſe, ſa juſtice qui
» nous punit auſſi ſévèrement qu'il récom-
» penſe avec uſure, ſon amour qui ne s'oc-
» cupe qu'à faire notre bonheur. . . . Voilà
» les traits de reſſemblance que l'autorité
» des Rois doit avoir avec celle de Dieu » (a).
Paroles ſimples, mais ſublimes ! Qui me donnera de les graver ſur tous les Trônes ? C'eſt ici le lieu de s'écrier avec Boſſuet, qu'elles effacent les diſcours les plus magni-fiques, & qu'il faudroit ne parler plus que ce langage. Je vous appelle ici, ô hommes qui êtes Rois ! & vous, hommes, qui devez l'être ; & vous tous qui êtes chargés du bonheur des Peuples ; & vous, Peuples auſſi, il importe que vous l'entendiez ; c'eſt l'Héritier du plus beau Sceptre de la terre

____

(a) Mſſ. du Dauphin.

qui parle. Dans ces seuls mots, il vient de nous tracer le code entier des Souverains. Laissons tous les systêmes ; n'écoutons plus tous ces modernes Précepteurs des Rois : auprès de ce que le DAUPHIN vient de nous faire entendre, leurs discussions pénibles ne font que de vains rêves. Qu'on nous donne des Princes inspirés par la Religion, des Rois animés de ces beaux sentimens que nous montre LOUIS DAUPHIN ; & renvoyons après nos Sophistes, & tous ces Politiques profonds, & toutes ces têtes pensantes qui n'affectent depuis long-temps d'instruire avec hauteur, les Maîtres de la terre que pour les avilir, d'éclairer leur autorité que pour la combattre. Tenons-nous-en à ce principe simple, si fécond en grandes leçons & pour les Rois & pour les Peuples : « Toute puissance vient de » Dieu, & doit retourner à lui seul ».

François ! c'est sur-tout à vos Maîtres que ce principe bien senti peut suffire. Maintenant que le pouvoir ne heurte plus le pouvoir ; que de subalternes tyrans ne bravent plus la Majesté ; que les loix, dérivant d'une source unique, n'ont qu'une seule direction; que la marche de la justice plus uniforme en est devenue plus rapide, & que les Rois, sûrs du respect des Grands & de l'amour du Peuple, peuvent faire le bien sans obstacle, & n'ont plus rien à redouter que leurs propres passions: ah ! toute leur science est dans l'Evangile. Qu'ils soient bien convaincus, à l'exemple du DAUPHIN, « que c'est pour Dieu que le Souverain » doit régner sur son Peuple; que c'est » aussi pour Dieu que le Peuple doit obéir » à son Souverain » (a). Voilà pour eux l'étude vraiment royale, & le grand supplément à toutes les lumières. Alors, pouvant tous ce qu'ils veulent, les Rois ne voudront plus que ce qu'ils doivent : l'obéissance sera plus sûre, parce que l'autorité sera plus douce; & la Monarchie atteindra, sans effort, sans orage, à ce degré suprême de sa félicité, où le Roi est au-dessus de tout, & la Religion au-dessus du Roi.

C'est ici qu'il me semble voir le DAUPHIN

____

(a) Mss. du Dauphin.

méditant cette vérité. C'eſt ici que je crois
l'entendre s'adreſſer à la Religion, & lui
dire, dans une tendre effuſion de ſon ame :
divine Religion, viens, uniſſons-nous enſemble pour concourir un jour au bonheur
de l'Empire auquel m'appelle ma naiſſance.
Que pourrois-je ſans toi ? La philoſophie
ne me donnera que d'inutiles raiſonneurs ;
l'honneur humain, que des hypocrites ; la
politique, que des courtiſans ; mes récom-
penſes, que des flatteurs ; mes châtimens,
que des eſclaves ; toi ſeule peux me donner
des ſujets. Par mes bienfaits, j'enchaînerai
leurs cœurs ; par tes leçons ſublimes, tu
les épureras ; par mes ſoins, je contiendrai
les vices ; par ta force divine, tu feras
germer les vertus ; j'encouragerai les arts,
tu formeras les mœurs ; je ferai reſpecter
la juſtice, tu en inſpireras l'amour ; tu par-
leras quand les loix ſe tairont ; & ſi jamais
l'oubli des ſaints devoirs, ſi l'ivreſſe de
la puiſſance pouvoit jamais m'égarer moi-
même, alors, tonne du haut des Cieux,
remplis mon ame d'un effroi ſalutaire, rap-
pelle-moi à mes ſermens ; & que traîné

devant

devant ton Tribunal, je reconnoisse qu'en toi seule les Princes ont un juge, & les Peuples un vengeur.

Seroit-ce donc ici ou le Héros, ou l'Orateur qui parle ? ce font fans doute les expreffions de l'Orateur ; mais c'eft l'efprit du Héros : ce font les fentimens qu'il a manifefté lui-même : c'eft ce qu'il a tracé dans fes écrits d'une manière fi énergique. Sous quels grands caractères il y préfente la Religion ! comme il y peint fon afcendant impérieux fur les paffions ; le reffort prodigieux de fes craintes & de fes efpérances : tantôt fa voix touchante, qui attire, tantôt fa voix terrible qui retient : fa févérité réprimante, non moins jaloufe des penfées que des actions : fon irréfiftible puiffance qui va faifir le crime dans fa folitude, & le tourmente jufques dans fes derniers retranchemens : fon influence falutaire qui, des liens même politiques, en fait autant de liens facrés. Comme il s'indigne contre ces infenfés, qui s'efforcent de la détruire ! Comme il repouffe avec horreur cette

E

morale contagieuse de nos jours, qui prépare insensiblement la décadence de l'Etat, ainsi que celle d'Epicure (ce sont ses expressions) entraîna la ruine de l'Empire Romain. Il avoit reconnu, que si jamais on rend suspecte la Religion antique, on ôte aux hommes le seul frein capable de les retenir; qu'on l'anéantit, si on la change; qu'elle tombe à jamais, si elle cède un seul instant; & qu'en tout point, elle ne sera plus qu'un vain jeu pour les hommes, si les hommes pensent jamais qu'elle peut devenir leur ouvrage.

Il avoit encore senti que de toutes les épidémies, celle de raisonner sans fin est la plus vaine & la plus triste : que tout est perdu, si le Peuple s'abandonne jamais à l'intempérance de sa curiosité, si jamais il parvient à subtiliser sur ses devoirs : qu'il n'agira plus s'il discute : qu'il tient bien plus à la vertu par le sentiment que par la raison, cette froide raison qui arrive si rarement quand on l'appelle, qui conseille si foiblement quand elle répond : qu'à ce

sentiment qui le dirige, succédera bientôt
une inquiétude qui ne fera que l'agiter : qu'il
deviendra atroce, si on le rend penseur : que
ce Peuple a besoin, non sans doute d'être
trompé, mais d'être dominé par une force
invisible & secrète, sur laquelle il ne doit
point avoir de prise ; qu'on la lui rend suspecte par l'esprit de doute, esprit funeste
qui ne peut servir qu'à lui apprendre à se
méfier de la conscience : qu'en ce point
même, tous les hommes sont peuple : que
pour eux, il n'y a plus de règles, dès qu'il
n'y a plus de barrière sacrée : qu'à force
de leur dire de s'affranchir des préjugés,
on les invite à ne plus respecter de principes, en nourrissant en eux ce penchant
secret, qui les porte à l'indépendance : que
ne pouvant jamais connoître par eux-mêmes
le terme où il faut s'arrêter, ce point si
délicat, où la liberté devient licence, où
le doute cesse d'être sagesse, où l'examen
dégénère en audace, sa vague incertitude
doit porter à jamais dans les mœurs,
l'anarchie ; dans la raison ; un délire sans

frein ; dans toutes les facultés de l'ame, l'engourdiſſement & la mort.

Une triſte expérience lui confirmoit ces vérités. Il voyoit ſe préparer la fatale révolution. L'invaſion des impies plus redoutable encore que celle des barbares ; & à ſa ſuite, l'eſprit de la Nation qui s'altère & qui baiſſe ; la France languiſſante dans une conſomption interne , dont peut-être elle ne ſe relevera plus ; un aſſemblage monſtrueux de luxe extrême & d'extrême miſere ; de graves bagatelles & de frivolités profondes ; un mélange inoui de toutes les horreurs avec toutes les graces , de tous les crimes avec tous les agrémens ; tous les excès commis au nom de la raiſon, tous les écarts au nom du génie. La dégradation des ames entraînant celle des eſprits. Des talens ſans élévation, des caractères ſans énergie : plus rien de ſûr dans les principes, plus rien de grand dans les paſſions. Des ſyſtêmes à la place des vertus, des problêmes au lieu de devoirs : de grands mouvemens pour de petits objets , de grandes récompenfes pour de petits travaux, de grandes réputations pour de petits fuccès; & plus que tout cela encore, l'oubli de toute vérité, mille fois plus funefte que l'irreligion déclarée, & la fatale indifférence qui, mettant fin à toutes les difputes, mettra bientôt le comble à toutes les erreurs.

A la vue de cette affligeante perfpective, nous ne demandons point quels étoient les fentimens du DAUPHIN. Il gémiffoit amèrement; il s'occupoit des moyens efficaces d'arrêter un jour le mal dans fa fource. Il avouoit « que s'il faut plaindre l'aveu- » glement des impies, il n'eft jamais per- » mis de tolérer leurs licences » (a). Mais plus jaloux de les réprimer par la voix de la raifon que par celle de l'autorité, il armoit contr'eux les talens que n'avoit point encore féduit l'attrait de la nouveauté. Il encourageoit la plume ingénieufe qui les a tour-à-tour accablés fous le poids des preuves, & fous les traits du ridicule. Lui-

____

(a) Mff. du Dauphin.

même il se proposoit de les combattre (16).
Oh ! s'il avoit pu achever son ouvrage, ce
résultat de tant d'études, cette production
de son ame encore plus que de l'Art ! l'élévation de ses pensées eût certainement ré-
pondu à la grandeur de sa foi ; la persuasion eût tout inspiré ; il eût fallu se rendre à
l'éloquence de son cœur, & nous eussions
eu, dans ce genre, un chef-d'œuvre de plus.
Un décret rigoureux s'opposoit à ce beau
dessein. La même Providence qui permit
autrefois au plus superstitieux des Princes
de produire, contre l'Evangile, ses rêves
insensés, ne voulut pas que le plus éclairé
eût le temps de lui consacrer les efforts
de son génie. Auroit-elle eu dessein d'instruire la terre ? Voudroit-elle montrer que
la Religion n'a pas besoin des Rois, qu'elle
seule est vraiment souveraine, & que sans
eux elle saura se soutenir, comme sans eux
elle s'est formée ? Mais les regrets de la
Religion n'en seront pas moins vifs : long-
temps elle pleurera son auguste Apologiste ;
long-temps elle en conservera le souvenir

amer ; & chaque violation de ſes droits, chaque entrepriſe ſur ſon autorité, chaque nouvel outrage de l'impie, feront pour elle autant de retours de douleur vers la tombe de ce vertueux Prince.

Hélas ! il devoit donc y deſcendre ſi-tôt ! Santé, Jeuneſſe, biens trompeurs ! je vois déja cette ſanté robuſte s'altérer, cette jeu‑neſſe floriſſante ſe flétrir. Nous y touchons à ce grand moment, qui vaut ſeul la plus belle vie du monde ; moment où l'Orateur eſt toujours éloquent, quand il ne cherche point à l'être, & où, pour l'être, il ne lui faut que la ſimplicité d'un récit fidèle (17). Qu'ils nous laiſſent ici jouir de leur ſilence, ou de leurs embarras, tous ces Panégyriſtes qui ont loué l'impie ; ils rougiſſent pour leur Héros, ils n'oſent nous montrer ſa triſte nudité. Tout s'eſt glacé, tout s'eſt éteint ſous la main de la mort ; les tranſports de l'enthouſiaſme, les graces de l'imagination, il ne lui reſte plus que les vices de l'ame. Pour nous, bien loin de redouter le dernier moment du Chrétien , nous l'attendons

avec impatience, parce qu'il y déploye fa
fublimité toute entière, & que le terme de
fa vertu en eft en même-temps le comble.
Déja le péril eft certain, le doux efpoir
nous abandonne : la mort, depuis long-
temps cachée, fe montre à découvert; les
triftes nuits fe prolongent ; le paifible fom-
meil s'eft enfui de l'afyle du Sage. Tout
a donc été vain ! les vœux du Prêtre, le
jeûne du Soldat & les larmes du Peuple. Il
faut donc brifer tous les liens, & s'arracher à
tout ce qu'il aime ! dans la force de l'âge,
où l'ame, encore neuve, fent toute fon
énergie pour faire le bien : à cette heureufe
époque, où la vie a moins d'erreurs fans
avoir moins de charmes, & où l'expérience
qui nous fait connoître les hommes, ne
nuit point encore à la fenfibilité qui nous
les rend chers. Combien alors les regrets
doivent être vifs, & les féparations dou-
loureufes ! Que de morts on éprouve dans
une feule mort ! Que fi la foudre gronde
de loin ; fi le calice diftille goutte à goutte ;
fi la mort raffemble toutes fes forces pour

frapper une tête augufte ; fi, non contente
de lui ravir le refte de fes jours, elle femble
afpirer encore à fe jouer de fon courage ;
fi elle joint aux plus vives douleurs une
lenteur défefpérante, & qu'on admire en
même-temps, dans la jeune victime, une
patience que rien n'affoiblit, une réfigna-
tion que rien n'altère, alors le monde n'a
pas de fpectacle plus grand pour les regards
du Ciel. O toi ! le premier de nos Orateurs,
quand tu ne ferois pas le premier de nos
Pontifes ! toi, qui du triomphe des Héros
mourans fus faire le triomphe de ton éloquence, Aigle fublime, que ne puis-je
prendre ton vol ! Rien n'a manqué à ton
génie qu'une auffi grande perte à déplorer,
qu'une auffi belle mort à peindre. Oh !
comme tes penfées fe fuffent élevées avec
celles du Dauphin ! comme ton ame
fe fût agrandie avec fon ame ! Avec quelle
hauteur impofante tu nous euffes raconté
la magnanimité d'un jeune Prince qui voit,
d'un œil ferein, & ce Trône brillant qui
difparoît pour faire place à un cercueil,

& ce corps qui tombe en ruines, & l'abyme
inconnu qui s'ouvre par degrés, & le temps
qui s'engloutit avec ſes ſonges ! Avec quel
pathétique tu nous euſſes retracé cette
prudence qui délibère, cette fermeté qui
exécute, cette bonté qui reconnoît tous les
ſervices, cette tranquillité qui juge de tous
les regrets, qui voit couler toutes les larmes ;
« cet air de raviſſement & de béatitude
» qui brille dans ſes yeux » (a) ; ces mains
défaillantes, aſſez fortes encore pour ſerrer
les mains d'un ami (b) ; ce cœur qui ne
palpite plus qu'à force de tendreſſe ; ces
aimables inquiétudes de la fraternité, de
l'amour conjugal ; ces adieux touchans qui
ſortent d'une bouche glacée ; ce doux ſourire qui règne encore ſur des lèvres mou-
rantes.... Quels coups de lumières ! Quelle
majeſté religieuſe tu n'euſſes pas répandu
ſur un ſi grand tableau ! & peut-être que
ton diſcours eût été le dernier prodige de

____

(a) Lettre de Madame la Dauphine.
(b) L'Evêque de Verdun.

l’éloquence, comme la mort de mon Héros est le dernier miracle du courage humain.

Du courage humain ! mais l’homme seul pourroit-il donc se soutenir ainsi lui-même ? Ce doux calme de l’ame dans ce moment terrible, aux portes d’un avenir impénétrable, parmi toutes les scènes de la désolation, & toutes les horreurs d’un dépérissement progressif, & toutes les angoisses d’une longue agonie, ne seroit donc qu’un triste effort de la Nature ? Ah ! c’est le triomphe du Chrétien, c’est le charme puissant de la sainte espérance ! LOUIS DAUPHIN l’a reconnu lui-même. « Cela » vient de Dieu », s’écrie-t-il. Oui, grand Prince, cela vient de Dieu. Est-il sans Dieu de vrai courage ? Malheur au Philosophe qui ne voudroit, en ce moment, que déployer ses propres forces. C’est Dieu qui vous a inspiré ce sentiment sublime : « que vous occuper du retour de votre » santé, est une pensée qui desseche votre » ame, & vous empêche de vous unir à » lui ». C’est lui qui vous a donné la force

de raſſembler autour de vous vos auguſtes
Enfans, & de leur dire, en leur montrant
vos bras décharnés : « Voilà ce que c’eſt
» qu’un grand Prince ; Dieu ſeul eſt im-
» mortel ». C’eſt lui qui vous fait demander « ſi vous ſerez encore long-temps privé
» de la joie ineffable de ſa vue ». C’eſt
lui qui vous ſoutient dans l’appareil des
cérémonies redoutables, & vous laiſſe aſſez
de préſence d’eſprit pour redreſſer le Pontife
que ſa douleur égare. C’eſt lui qui règne
ſeul en ce moment, & remplit tout de
ſa préſence. Pouvoir ſuprême de la vertu
mourante ! diſons plutôt de la vertu qui
ne meurt point. Qu’elle eſt grande au milieu de la deſtruction ! Tous les cœurs ſont
émus, tous ſont ouverts à ſon impreſſion
céleſte : où eſt le libertin ? que devient l’incrédule ? L’orgueil de la raiſon eſt déſarmé,
toutes les paſſions ſe taiſent ; on ne voit
plus ici que le DAUPHIN & la Vertu.
Nul ne peut s’empêcher de ſe dire à ſoi-
même : quelque choſe de divin eſt ici. Je
yeux mourir de la mort de ce Juſte ; je

veux vivre dans cette Religion où meurt LOUIS DAUPHIN : & maintenant, que l’impie comprenne, qu’il voye, & qu’il foit confondu. Ne raifonnons plus avec lui : la mort du DAUPHIN, pour qui faura la méditer, fera déformais plus éloquente que tous les livres. Pour moi, ô Prince ! je ne veux plus que favoir votre mort : & fi jamais ma foi pouvoit être ébranlée, je relirai l’hiftoire de votre heure dernière ; & fort de toute votre magnanimité, je viendrai abjurer tous mes doutes auprès de votre tombe, & me jetter dans les bras de cette Religion qui forma vos derniers fentimens, & reçut vos derniers foupirs.

Mais le grand coup eft parti d’en haut. Que n’ai-je encore ici ce pinceau terrible qui traça la nuit défaftreufe, & la nouvelle retentiffante tout-à-coup comme un éclat de tonnerre ! Quelle calamité vient de tomber fur la Nation ! Mille cris de douleur me l’annoncent. Ces longs accens du défefpoir qui vont fe perdre dans le filence de la confternation, cette fuite précipitée de la Maiſon Royale, ces vaſtes Palais où ne règne plus que la mort; ces Guerriers magnanimes qui ſemblent avoir perdu tout leur courage, ces mêmes Guerriers qui avoient joui depuis peu de ſa familiarité touchante (17). Le jeune homme oublie ſes plaiſirs ; l'ambitieux ſes intrigues ; le courtiſan, pour la première fois, s'occupe de la Patrie , & ſent la perte de l'Etat. D'un bout du Royaume à l'autre, un grand cri vers la Providence ſe fait entendre. On pleure le DAUPHIN comme un ami pleure ſon ami, comme une mère pleure ſon fils unique ; & le bon Peuple, uniquement frappé d'une mort auſſi déplorable, ne ſonge pas même à pleurer ſur ſon propre ſort; il ne voit plus qu'un jeune Prince dont il admiroit les qualités prématurées , dans qui, par une loi ſecrète, tout a été rapide , ſes vertus comme ſes jours. Mais nous qui, dans une douleur plus calme, avons pu meſurer toute l'étendue de notre perte, ah ! ne pleurons pas ſur le DAUPHIN ; il n'a perdu qu'un Trône, & qu'eſt-ce qu'un Trône pour la vertu ? Mais pleurons fur le Peuple & fur la Religion, qui perdent le fruit de fes veilles ; pleurons fur la fatale deftinée des Empires. Que nous importe l'exiftence de ces vulgaires Héritiers des Trônes, qui doivent y monter fans effroi, & d'où la mort doit, tôt ou tard, les précipiter fans gloire ? Vrais fléaux de la terre, s'ils ne font qu'inutiles, quel nom faudra-t-il leur donner, s'ils deviennent méchans ? Mais ce vertueux Prince, que nous avons entendu répéter fi fouvent : « fi jamais j'ai le malheur de » régner ». Celui qui nous attefte, dans ce dernier moment, où l'homme ne ment plus, « n'avoir jamais envifagé le Trône que du » côté des devoirs qui l'accompagnent & » des périls qui l'environnent ». Ce Prince qui ne fe propofoit rien tant, que « de facri- » fier au Peuple fon plaifir, fon temps, » fa vie, fa gloire même » (a). O Dieu de ma Patrie ! ô Dieu de ma Religion ! & de fi beaux projets ne feront donc que les

____

(a) Mff. du Dauphin.

rêves de l'homme jufte ? Quoi ! votre fageffe éternelle fe plairoit-elle à confondre tous nos deffeins ? ou votre inflexible juftice a-t-elle donc voulu punir le fiècle par la perte d'un Prince dont le fiècle n'étoit pas digne ?

Il n'eft plus ! & même en mourant il a craint de nous être à charge ; il a voulu que fa pompe funèbre fut fimple comme fa perfonne. Loin de la demeure faftueufe des Ombres Royales , fa cendre vénérable repofera parmi celle du pauvre, dont il fut l'ami. Peut-être que la poftérité ne lira point fon hiftoire : il n'a fait que du bien, & il l'a fait fans oftentation. Mais fi le DAUPHIN ne jouit pas d'un nom fameux dans les An-nales de la Monarchie, fa mémoire fera précieufe dans les Faftes de la Religion. Tous les vrais Sages fe tranfmettront fon nom de bouche en bouche ; & dût l'Hif-toire, trop accoutumée à ne peindre que les brillantes révolutions, dédaigner un Héros qui n'eut point de victoires à expier, il exiftera parmi nous une tradition facrée, qui apprendra à nos derniers Neveux que

le

le DAUPHIN ne vécut pas assez pour notre bonheur, mais assez pour sa gloire, & qu'il ne fut pas Roi celui qui craignit tant de l'être.

Il n'est plus ! mais il règne ce même Duc DE BERRY qu'il embrassa un jour avec transport, lorsqu'au sortir de ses instructions, il lui dit : « que le temps qui lui paroissoit le » plus court, étoit celui de l'étude » (*a*). Ce Prince, dont il prophétisa qu'il feroit un jour tout le bien qu'il pourroit connoître. Il règne l'Héritier de sa simplicité & de sa modestie ; & si l'ordre se rétablit, si la justice semble renaître, ah ! c'est qu'il vit sous les yeux de l'Auteur de ses jours, & qu'il en est sans cesse environné. Non, nos larmes n'ont rien qui le blesse, notre douleur n'insulte point à ses bienfaits ; il est trop occupé lui-même du prix qu'il nous a coûté : il ambitionne trop de ressembler

---

(*a*) « Après que ses enfans furent sortis, (dit » Madame la Dauphine dans une de ses Lettres) » il me rappella le plaisir qu'il ressentoit, de ce que » le Duc de Berry lui avoit dit ».

F

à son augufte Père, de nous faire oublier sa perte, ou de nous consoler du moins par cette idée bien douce, que le Père de son Peuple est le Fils du DAUPHIN.

(1) Je n'ai fait que parcourir, ou plutôt qu'indiquer
rapidement les ramifications diverses de ses connoissances & les travaux qu'il embrassa depuis qu'*il*
eut repris, comme il le dit lui-même, *son éducation*
sous œuvre. La Vie & les Mémoires de ce Prince
offriront au Lecteur un plus ample détail. Il y verra
son goût éclairé pour tous les Arts d'agrémens ; sa
passion dominante pour tous les Orateurs & les Poëtes
du siècle d'Auguste, & sur-tout pour Horace, qu'il
avoit tout entier gravé dans sa mémoire. Ses essais
dans l'Eloquence & la Poésie, qui furent les jeux
de son enfance. Les rapides progrès qu'il fit à l'école
de Newton. Cette avidité de génie à laquelle nos
richesses nationales ne suffisoient pas. L'étude appro-
fondie qu'il fit de tous ces Insulaires raisonneurs.
Ses traductions de Pope & d'Adisson. Ses notes sa-
vantes sur Grotius, Puffendorf, & autres fameux
Publicistes. Sa réfutation de plusieurs principes de
M. de Réal. Sa profondeur dans toutes les Sciences,
soit exactes, soit économiques. Cette immensité de
mémoires sortis de sa plume féconde. Son habileté
dans la Tactique, & sur-tout dans la Marine, qui
faisoit demander aux Officiers de mer, où il avoit
appris le Pilotage & l'Art de la manœuvre. Mais ce
qui frappera le plus, c'est ce coup - d'œil de génie

qu'il avoit porté dans l'Histoire de sa Nation. Il conçoit le plan d'un monument historique, ouvrage immense dont il n'a trouvé nulle part le modèle. Il se propose d'interroger chaque siècle, de rapprocher, sous un seul point de vue, le bien & le mal qui s'est fait depuis Clovis jusqu'à nos jours, de tirer par le passé une règle sûre pour l'avenir, de faire ainsi de l'Histoire de la Monarchie un cours de Droit public, & de fixer, par les événemens même, la morale toujours flottante du Gouvernement. Pour cela, il partage en quarante époques les treize siècles de l'Empire François. Il les compare, il les suit par degrés, & saisissant tous les traits de lumière qui sortent du contraste des différens règnes, il en extrait la vérité. A l'aide de ce rapprochement, il étudie les causes de la grandeur ou de la décadence de l'Etat ; les progrès de la barbarie ou de la civilisation ; l'influence des loix sur les mœurs, & des mœurs sur les loix ; la juste proportion qui doit régner entre ces loix & nos besoins ; les rapports qu'elles doivent avoir avec notre climat & notre caractère ; les suites funestes du despotisme où rien n'est abus, parce que tout est malheur. Le grand art d'éviter, dans l'Etat, toute crise violente, d'affoiblir insensiblement les préjugés pour les détruire sans orage, & l'art plus grand encore de les diriger vers le bien : & toujours appuyé sur l'expérience, il conclut que le bien politique est essentiellement lié au bien moral, & que *la justice est la base des Etats.* Conséquence invariable & éternelle à laquelle devoit se rapporter tout l'Ouvrage du DAUPHIN, qu'il ne pût exécuter qu'en partie. Ouvrage où l'on auroit fenti l'inutilité de la politique moderne, & un des grands abus de la philofophie qui met au jour beaucoup de livres, fans fonger que les faits valent mieux que les fyftêmes ; qui n'établit prefque toujours que des principes ifolés qui ont leur vérité peut-être comme fentences, mais qui étrangers à l'état donné des chofes, font par conféquent inapplicables & toujours chimériques. à force d'être beaux.

(2) Milord Harcourt. Voilà, difoit ce Seigneur, dans fa méprife, voilà un Officier qui me paroît fingulièrement inftruit pour fon âge. Comment l'appellez-vous? —— C'eft le Colonel du Régiment Dauphin. —— Mais je voudrois favoir fon nom, car je n'ai point encore vu de François plus aimable. —— Mais ordinairement on l'appelle M. le DAUPHIN. Un Seigneur racontant au DAUPHIN que ce Milord ne l'avoit pas reconnu : « il eft vrai, répondit le » Prince, que j'ai été un peu furpris du ton de fa- » miliarité qu'il prenoit avec moi, mais j'ai cru que » ce pouvoit être un effet des libertés Angloifes ».

(3) Peu de Princes ont donné l'exemple d'une générofité plus précoce, & en même temps plus modefte. Son Gouverneur ayant remarqué qu'il donnoit aux pauvres avec trop peu de difcrétion, fixa à un écu fes libéralités. Alors, quand il rencontroit un pauvre qui lui paroiffoit le plus miférable, il

glissoit adroitement un louis sous l'écu qu'il lui don‑
noit. Il fut un jour si touché de la misere d'une femme,
que n'osant, en présence de son Gouverneur, la
soulager aussi généreusemeut qu'il l'eût voulu, il lui
dit tout bas, de se rendre devant son appartement,
dans le temps qu'il lui assigna. A l'heure marquée,
il ouvrit sa fenêtre, reconnut la femme, & lui jetta
quelques louis. Un Militaire imploroit sa protection
pour obtenir une gratification méritée. Le DAU‑
PHIN alors à peine âgé de douze ans, lui fit comp‑
ter le double de la somme qu'il demandoit. —— « Te‑
» nez, Monsieur, vous reviendrez solliciter, si vous
» voulez, votre gratification, quand vous serez
» guéri ». Une autre fois il vuida sa bourse dans les
mains d'un Officier, & le força même d'accepter
des bijoux qui lui étoient chers. Une Communauté
dont il avoit fait réparer les bâtimens, vouloit ériger
un monument à sa bienfaisance. Point d'inscription,
dit alors le DAUPHIN à ceux qui lui firent part de
ce projet, point d'inscription, ou je ferme ma bourse.

(4) Taisez-vous, disoit-il à un Officier qui s'effor‑
çoit de lui témoigner sa reconnoissance par ses dé‑
monstrations, taisez-vous, car assurément je vous
ai fait trop attendre.

(5) Il seroit difficile de rendre combien le DAU‑
PHIN aimoit le peuple, cette portion de l'Etat la plus
digne d'être heureuse, dont la fidélité tient plus au
dévouement qu'à l'obéissance, & qu'il seroit barbare

d'accabler, parce qu'on eſt toujours ſûr de le ſou-
mettre. Il n'en parloit jamais ſans attendriſſement.
Il ſe plaiſoit à mettre ſous les yeux de ſes Enfans le
tableau de ſa miſere. « Qu'on les conduiſe, diſoit-il,
» dans la chaumière du pauvre, qu'on leur faſſe
» voir le pain noir dont il ſe nourrit, la paille hu-
» mide qui leur ſert de lit, je veux qu'ils appren-
» nent à pleurer ». S'il entend dire qu'il n'y a point
de miſere daus le Royaume : « il faut donc, répond-
» il, que la Providence veille ; car, ſuivant mon
» calcul, il doit y en avoir ». De-là, ce reſpect qu'il
eût toujours pour la propriété du pauvre. « J'aime-
» rai toujours Monſeigneur le DAUPHIN , diſoit
» un Laboureur, parce qu'à la chaſſe , il n'entre
» jamais dans les terrres enſemencées ». Après la
petite-vérole , le Roi lui offrit de l'argent, comme un
moyen de plus d'adoucir ſa convaleſcence : « je puis,
» dit-il, me paſſer de cette ſomme, & le pauvre Peuple
» en a beſoin ». Il déclaroit un jour qu'il étoit plus
jaloux d'être aimé des payſans que des courtiſans.
A la naiſſance du Duc de Bourgogne , il obtint
du Roi qu'on employât au ſoulagement des pauvres,
ces mêmes ſommes qu'on devoit prodiguer à de ſté-
riles réjouiſſances. Quand on lui préſenta l'état des
frais qu'entraîneroit le voyage qu'il avoit projetté
dans nos Provinces : « oh ! en vérité, s'écria-t-il ,
» toute ma perſonne ne vaut pas au pauvre
» Peuple ce que lui coûteroit ce voyage, je ne veux
» plus y penſer ». Sa grande maxime étoit que « toute
» impoſition ſur le Peuple eſt injuſte, lorſque le

» befoin général de la fociété ne l'exige pas ». Traçant un jour, avec autant d'art que de foin, le
plan d'une Maifon Royale, il dit à fes Courtifans :
« favez-vous ce que je trouve de mieux dans ce
» Palais ? c'eft qu'il ne fera jamais exécuté qu'au
» crayon, & qu'il ne coûtera rien au Peuple ».

(6) LOUIS Duc de Bourgogne, aïeul du
Dauphin, mort à Marly le 18 Février 1712,
à l'âge de 30 ans : populaire, fans fafte à la Cour
de Louis XIV, un des Princes peut-être qui ait
été le plus frappé des malheurs de la guerre, le plus
fenfible aux miferes publiques. Si Dieu me donne
la vie, difoit-il, c'eft à me faire aimer que j'em-
ploierai tous mes foins. De douze mille francs qu'il
avoit par mois, il en employoit onze au foulage-
ment des pauvres. Dans fa dernière maladie, il or-
donna que l'on vendît, pour eux, tous fes diamans.
Il avoit, comme le Dauphin, demandé des
mémoires aux Intendans, pour connoître les Provinces : comme lui, il refufa l'augmentation de fa
penfion : il s'honora, comme lui, d'une égale vic-
toire fur fon caractère, qu'on regardoit comme in-
domptable. Mais ce qui n'a pas moins contribué à
rendre chère fa mémoire, c'eft la tendre amitié qui
l'uniffoit à Fénélon : c'eft ce commerce qu'il entre-
tint avec *fon cher Archevêque*, même après fa difgrace : c'eft d'avoir fu apprécier l'ame fublime de
fon Inftituteur, dont la grandeur n'étoit pas de fon
fiecle : ce font enfin les larmes que Fénélon lui-

même répandit fur fa tombe, & l'amertumé avec laquelle il s'écria, en apprenant fa mort : *tous mes liens font rompus.*

(7) Cette ligue, d'une efpèce bien rare, dura jufqu'à la mort de ce Prince. On remarqua qu'un de fes Courtifans, fi l'on peut toutefois l'appeller de ce nom, dut fon élévation au courage qu'il avoit eu d'être ouvertement d'un avis contraire au fien. « Tout le monde nous flatte, difoit-il un jour, & » chacun a fes raifons pour le faire ». Madame la Dauphine, alors préfente, lui demandoit s'il la met‑ toit au rang de fes flatteurs : ——« Quelquefois, & fur‑ » tout quand je fuis malade ». Et Adélaïde ? ——« Oh! » pour elle & l'Abbé, (de Saint-Cyr) je les crois » très-difpofés à me redreffer toutes les fois que je » n'irai pas droit ».

(8.) Cette crainte ne dura pas long-temps. « Ses » défauts, écrivoit le Duc de Châtillon, ne m'ont » donné d'inquiétude que jufqu'à ce que j'aye re‑ » connu la fource d'où ils partoient. Une vivacité » bouillante, & le fentiment précoce de fa deftinée » en font le principe ; mais le cœur eft trop bon » pour qu'on ait à craindre des fuites. Il me dit bien » que je me moque de lui, qu'il faura en rabattre » de ce que j'exige : fa mauvaife humeur dure un » moment, il vient l'inftant après m'offrir la paix, » en avouant fes torts ».

On trouve à ce fujet, dans la vie du Dauphin, une anecdote fingulièrement piquante. Son Gou‑

verneur lui parloit un jour de ses vivacités. « Je vous
» avertis, Monsieur, lui dit le DAUPHIN, que je
» défavoue, par avance, toutes les sottises que je
» pourrai faire à l'avenir : imaginez-vous, dans
» ces momens, que c'est le vent qui souffle ». Un
jour qu'il se laissoit emporter à son humeur, son
Gouverneur faisant allusion au propos qu'il lui avoit
tenu, dit que le vent étoit bien fort. « Oui,
» oui, Monsieur, reprit le jeune Prince avec émo-
» tion, *& la foudre n'est pas loin* ». Le Gouverneur
contrefaisant l'homme qui avoit peur, se boucha
les oreilles. Le Prince se mit à rire, vint l'embrasser,
& lui dit : « j'avois pourtant bien promis de ne plus
» me mettre en colère, je vous en fais mes excuses ».

(9) On en peut juger par la seule réponse qu'il
fit à l'âge de neuf ans, au Cardinal de Fleury. Ce
Ministre assistant un jour à son dîner, entreprit de
lui faire une leçon de modération. Il fit, pour cela,
l'énumération de tout ce qui l'environnoit, & à
chaque chose qu'il nommoit, il ajoutoit : « cela, Mon-
» sieur, est au Roi ; rien de tout cela ne vous ap-
» partient ». Le DAUPHIN écouta fort impa-
tiemment la remontrance, sans pourtant interrompre
le Cardinal. Quand elle eût été achevée, le jeune
Prince voyant qu'on avoit tout donné au Roi, sans
rien lui laisser : « eh bien ! reprit-il avec émotion,
» que tout le reste soit au Roi, au moins mon cœur
» & ma pensée sont à moi ». Une réplique d'un
si grand sens étonna le Roi & toute la Cour, &

annonça que l'enfant qui étoit capable de la faire,
ne feroit pas un homme ordinaire.

(10) « Les lieux, les murailles même nous rap-
» pellent ce que nous avons perdu, comme feroit une
» peinture : il femble que l'on y voit les traits gravés.
» Que l'on entende la voix, l'illufion eft bien forte ».
(*Lettre du Dauphin à l'Evêque de Verdun*).

(11) « Je fuis à peine revenu (écrivoit alors le
» DAUPHIN à l'Evêque de Verdun) de l'horreur
» où j'ai paffé ces cruels temps-ci. Je crois toujours
» rêver, quand je penfe à ce que j'ai vu : je l'ai vu
» & ne puis le croire : je me crois tranfporté dans
» un autre fiècle. De quelques malheurs que les dif-
» fentions préfentes m'offriffent le tableau, celui-
» là ne s'étoit jamais préfenté à mon imagination ».
Il faut lire cette Lettre toute entière dans les Mémoires de ce Prince ; l'on jugera, par le défordre
& le ton de vérité qui y règnent, fi le DAUPHIN
aimoit le Roi. Jamais fils ne fut plus refpectueux &
plus tendre : il en donna des preuves non équivoques
dès fa première jeuneffe, dans la maladie de Metz.
C'eft alors qu'on le vit accourir, pour baigner de
fes larmes le lit de fon Père mourant, oublier même
fon obéiffance pour n'écouter que fon amour ; occa-
fionner, par fon obftination, la difgrace de fon Gouverneur, qui n'eut pas la fermeté de le retenir ; fe
défoler, comme s'il eût dû perdre toutes fes efpérances ; & s'écrier, dans l'excès de fon affliction :
« que va donc devenir ce pauvre Peuple ? quelle

» reſſource lui reſte-t-il ? moi ! un enfant ! ô Dieu !
» ayez pitié de moi ». Dans ſa dernière maladie,
ſes plus vives inquiétudes étoient pour le Roi. Il lui
faiſoit ſouvent des excuſes de ce que ſon ſéjour à
Fontainebleau le dérangeoit de ſes voyages : il les
lui renouvella quelques jours avant ſa mort. Le Roi
lui répétant que cela ne le dérangeoit point : « je
» ſuis bien ſûr, lui dit-il, que c'eſt par bonté que
» vous le dites ; mais ſi nous étions à Verſailles,
» vous iriez à Bellevue, Trianon ou Choiſy, & je
» me reprocherai toujours d'avoir eu la fantaiſie
» de venir ici ». Le Roi lui ayant aſſuré qu'il
n'étoit dérangé en rien : « mais, me dites-vous cela
» en conſcience ? » Oui, répondit le Roi. « Ah !
» s'écria le D A U P H I N, que vous me ſoulagez » !
— Pendant toute ſa vie, il prévint les moindres volontés
de ſon Père, étudia ſes moindres deſirs. Auſſi, le
Roi lui donna-t-il cette belle louange : qu'il n'avoit
jamais eu d'autre chagrin de ſon fils que celui de
ſa mort.

(12) « Vos intérêts, Madame, (écrivoit alors le
DAUPHIN à Madame de Chambord) » vos intérêts
» ſont devenus les miens. Je ne les enviſagerai jamais
» ſous un autre point de vue .... pour vous & pour
» l'enfant que vous allez mettre au monde. Après
» l'horrible malheur dont je n'oſe vous retracer
» l'idée, mon unique conſolation ſera de contribuer,
» s'il eſt poſſible, à la vôtre, & d'adoucir, autant
» qu'il dépendra de moi, la douleur que je reſſens

» comme vous ». Cette Dame étant accouchée, le
DAUPHIN voulut tenir l'enfant fur les fonds de
Baptême avec Madame la Dauphine. Quelqu'un lui
repréſenta que c'étoit contre l'étiquette, & qu'une
pareille démarche n'étoit point d'uſage. « Il n'eſt point
» d'uſage non plus, répondit ce Prince, qu'un Offi-
» cier du D A U P H I N périſſe par la main de ſon
» Maître ».

(13) La voici telle qu'on l'a trouvée dans les papiers
de ce Prince : « Seigneur, Dieu des armées, arbitre
» ſouverain de la vie & de la mort : vous qui, du
» milieu des combats, détournez, quand il vous
» plaît, les coups de deſſus ceux que vous voulez
» ſauver, exaucez ma priere, en prenant ſous votre
» protection votre fidèle ſerviteur du Muy ; ſervez-
» lui vous-même de bouclier ; éloignez de lui le
» fer & le feu, les maladies, & l'atteinte mortelle
» de la contagion ; ſoutenez-le dans ſes travaux, afin
» qu'il continue de me donner, comme il a toujours
» fait, des conſeils pleins de piété & de ſageſſe, &
» qu'il m'aide à défendre la Religion & la Juſtice ».

(14) On a bien tort, diſoit le D A U P H I N,
dans une lettre, *de me regarder comme Ultramontain.*
Ceux qui lui faiſoient ce reproche ne connoiſſoient
point ſans doute ſes écrits : ils ignoroient avec quelle
ſageſſe il s'étoit exprimé dans une matière auſſi déli-
cate. Ecoutons – le parler lui – même. « Dans quels
» excès un Prince ne peut-il pas être entraîné par
» un zèle mal entendu ? Laiſſer les Miniſtres de

» l'Eglife empiéter fur les droits de la puiffance
» temporelle, n'eft-ce pas introduire l'Anarchie dans
» l'Etat, & l'ambition dans le Sanctuaire ? Juger
» les décifions de ceux qui font les dépofitaires de
» la foi, fe rendre maître abfolu de la difcipline
» & du culte, n'eft-ce pas entreprendre fur cette
» autorité que J. C. a confiée aux premiers Pafteurs,
» & qu'il a fi bien diftinguée de celle qu'il leur or-
» donna de refpecter dans la perfonne des Empereurs ?
» On fent aifément que ces deux Puiffances n'ont ni
» le même fondement, ni le même objet, ni la
» même fin ». Il avoit divifé, en quatre chefs, l'extrait du Livre de M. de Marca, *de la Concorde du
Sacerdoce & de l'Empire.*

« La protection que le Souverain doit aux Ecclé-
» fiaftiques.

» Les précautions qu'il doit prendre contre leurs
» entreprifes.

» En quoi ils font foumis aux Juges ordinaires.

» En quoi ils en font indépendans.

L'on peut juger par-là combien injufte étoit la
prévention contre ce Prince, & combien fes vues
furent éloignées de cet efprit de fanatifme, le plus
affreux de tous les maux, après l'efprit d'irréligion
& de fyftême.

(15) L'application de cette grande vérité eft fans
doute bien moins fenfible dans un Empire tel que
le nôtre, où le Souverain ne règne que par les loix.
Mais il n'eft pas moins conftant que nos modernes

déclamateurs, en affectant de s'élever contre la diftinction des deux Puiſſances, en s'efforçant de les
réunir dans la même main, ont bien moins con-
ſulté les intérêts du Peuple que leur haine contre
la Religion. Comment n'ont-ils pas vu qu'anéantir
le corps intermédiaire du Clergé, ou, ce qui eſt
la même choſe, ne lui donner, dans les objets pure-
ment ſpirituels, qu'une miſſion émanée des Souverains, c'étoit ôter au deſpotiſme une digue d'autant
plus forte, qu'elle le paroît moins, d'autant plus
ſalutaire, qu'elle l'arrête ſans le heurter ? Car, qui
ſait juſqu'à quel point eſt puiſſant le reſpect qui ſup-
plie & la foibleſſe même qui réclame ? On a vanté
les progrès qu'a fait la liberté dans les Monarchies
Proteſtantes : on auroit dû parler auſſi des révolutions & des orages qu'y a cauſé l'eſprit de ſchiſme.
Mais quand ces progrès ſeroient réels, il ſeroit
toujours évident que depuis cette époque où les Paſ-
teurs, en ſe ſéparant de la ſucceſſion antique,
perdirent tout à la fois leur autorité avec leur caractère; la Royauté qui, par ſa nature, tend toujours
à s'agrandir, n'a beſoin que d'un grand moment
pour rompre toutes ſes digues; & que les Peuples
de preſque la moitié du Nord ont plus à redouter,
que les autres, l'inſtabilité de leurs conſtitutions, &
plus à ſe précautionner contre des circonſtances mal-
heureuſes. Cela eſt vrai, ſur-tout de l'Angleterre;
elle n'a pas ſu tout ce qu'elle accordoit à ſon Roi,
en lui laiſſant uſurper la ſuprématie de la Religion.
Auſſi, dit Monteſquieu, que les Anglois conſervent

bien leur liberté ; s'ils venoient à la perdre , ils feroient un des Peuples les plus efclaves de la terre.

(16) Le Philofophe ne manquera pas fans doute ici
d'infulter au Prince Théologien. Il feindra même de ne
pas voir que ce projet, médité par le DAUPHIN, ne
nuifoit point à fes travaux politiques , & qu'ainfi,
l'étude de la Religion n'étoit en lui qu'un mérite de
plus. C'étoit fur-tout contre les anciens adverfaires du
Chriftianifme, que le DAUPHIN deftinoit fon ouvrage ; perfuadé que les modernes, qui n'en font
que les copiftes , feroient frappés du même coup.
Il ne crut point que ce deffein fût au-deffous de
fon rang, comme il n'étoit point au-deffus de fes
connoiffances. L'hiftoire de l'Eglife lui étoit auffi
familière que l'hiftoire de fa Nation. Il ne paroiffoit
aucun Livre contre la Religion, qu'il ne l'analyfât
& qu'il n'en fît fentir, avec une admirable fagacité,
le danger ou le foible. Un jour qu'il parcouroit, avec
l'Abbé de S. Cyr, une de ces productions impies,
il s'arrêta fur un endroit qui avoit quelque chofe
de féduifant. L'Abbé de Saint-Cyr lui dit alors qu'il
ne fe fouvenoit pas d'avoir jamais entendu propofer
ce fophifme. « Comment, M. le Docteur, répartit
» le DAUPHIN, parce que cette vieille chicane
» de Celfe eft habillée à la Françoife, vous ne la
» reconnoiffez pas » ? & en même-temps il lui cita
l'Auteur Eccléfiaftique qui l'avoit réfutée.

(17) Rien n'eft plus beau & plus touchant que
le récit de la mort du DAUPHIN. Je n'ai point
oublié

oublié la profonde impreſſion qu'elle fit ſur mon
cœur dans ma tendre jeuneſſe. Je ne pus alors que
pleurer, & je ne prévoyois point qu'une grande
occaſion m'étoit réſervée pour la célébrer & la
peindre. Les moindres circonſtances en ſont pré-
cieuſes, & tout y eſt ſublime à force d'être ſimple.
Ce n'eſt point ici cette oſtentation de courage, ni
encore moins cette affectation de gaieté ſi déplacée
dans un pareil moment : c'eſt je ne ſais quel aimable
abandon qui nous laiſſe admirer d'autant plus le
Héros, qu'il nous cache moins l'homme. Nulle maxime, nulle ſentence : par-tout le ſentiment naïf,
par-tout l'épanchement aimable. Dans ſa conſtance
même, il permet, il demande qu'on le conſole : il
ne cherche qu'à diſtraire les autres de ſon propre
danger. On lui apprend que le deuil eſt univerſel,
& que les Temples retentiſſent ſans ceſſe des vœux
& des ſoupirs de toute la Nation. « Hélas ! il y a ſix
» mois que bien des gens me déteſtoient ; je ne
» l'avois pas plus mérité que l'amour qu'on me
» porte aujourd'hui. — J'eſpérois faire mes dévotions
» à Noël, dit-il à ſon Médecin ; dites-moi ſi je
» puis vivre encore quinze jours ». Le Médecin verſe
des larmes. — « Raſſurez-vous, vous ſavez que je
» ne crains pas la mort ». Son Confeſſeur l'invite à
prier Dieu pour ſa conſervation. — « Permettez que
» je ne demande à Dieu que l'accompliſſement de
» ſes volontés ; ſes penſées ſont bien différentes des
» nôtres ». Il lui dit que ſa ſanté intéreſſe la Religion. — « Celui qui a établi ſa Religion ſans moi,

G

» faura bien la foutenir fans moi ». Il fe reproche
enfuite jufqu'à la joie involontaire qu'a produit dans
fon ame une lueur trompeufe d'efpérance. On lui
adminiftre les derniers Sacremens : fa voix à demi
éteinte fe ranime pour prononcer ces paroles ter-
ribles : *partez, ame chrétienne, allez jouir de la paix
que vous attendez dans le fein de Dieu.* « Je fuis ravi,
» dit-il à Madame la Dauphine ; je n'aurois jamais
» cru, que recevoir fes derniers Sacremens, donnât
» tant de confolations ». Le Roi fondant en larmes,
fe précipite fur fon lit. — « Ah ! votre attendriffe-
» eft la feule chofe qui me faffe de la peine en ce
» moment ; je vous ai toujours été inutile, & je
» vous laiffe chargé de mes enfans ». Il lui recom-
mande encore le fils de fon malheureux Ecuyer.
Exhorté de faire à Dieu le facrifice de fa vie : — « Ah !
» fi vous faviez combien ce facrifice me coûte peu.
» Oui, fi j'avois mille vies, je les facrifierois à l'inf-
» tant au defir de voir Dieu ». Il remercie les grands
Officiers de la Couronne. Il raffemble autour de fon
lit fes menins. — « Approchez, Meffieurs, que je
» vous voye tous. Je vous remercie bien des peines
» que vous avez prifes, & de l'attachement que
» vous avez eu pour moi.... Je vous ai donné lieu
» quelquefois de vous impatienter, en vous faifant
» attendre : vous me le pardonnerez fûrement de bon
» cœur. Adieu, Meffieurs, je vous prie de vous
» fouvenir de moi ». Il demande d'épancher fon
cœur fur fes enfans ; il veut leur donner fa bénédic-
tion, & fes leçons dernières toujours fi éloquentes

dans la bouche d'un Père mourant ; mais son cœur ne peut être satisfait ; il ne lui est permis que de leur faire porter ses derniers vœux. Il s'adresse à leur Gouverneur : « Je vous charge, Monsieur, de dire à mes » enfans que je leur souhaite toute sorte de bonheur » & de bénédictions ». Son attendrissement étouffe ses paroles ; il s'efforce vainement de continuer : — « Ah ! il ne m'est plus possible de pourfuivre ; » achevez, Monsieur, (s'adreffant alors à son Confeffeur) » de dire, en mon nom, ce dont nous » fommes convenus ». D'une main défaillante, il détache deux boucles de fes cheveux qu'il donne à Madame Adélaïde & à Madame la Dauphine. « Que » je fuis aife de te voir, dit-il à cette Epoufe défolée, » & que je t'aime » ! Il s'informe enfuite fi elle a pu pleurer. Touché des témoignages folemnels de l'amour des François, il lève au Ciel fes mains glacées : — « Mon Dieu, je vous en conjure, protégez » à jamais ce Royaume ». Il fe nourrit de l'efpoir confolant d'aimer encore dans le Ciel « ceux qui lui » ont été ici-bas les plus chers ». Il cherche l'ame de tous ceux qui l'entourent. En prenant la main de l'Evêque de Verdun : — « Mettez-la fur mon cœur, » vous n'en êtes jamais forti ». Le Medecin lui tâte le pouls : — « Ah ! tâtez-le plutôt à l'Evêque ». Qu'il a de courage ! dit-il, en parlant de ce Prélat, qui raffembloit toutes fes forces pour l'exhorter à mourir. Ce bon Prince ne penfoit point au fien. Il oublioit ici fa propre fermeté, comme il avoit, toute fa vie, oublié fa vertu. Il expira enfin dans les bras de l'amitié, dans le sein de la foi, le 20 Décembre 1765, à la 35ᵉ année de son âge, & justifia ainsi la vérité de ces deux vers :

Connu par ses vertus plus que par ses travaux,
Il sut penser en Sage & mourir en Héros.

(18) C'est au Camp de Compiegne, quelques mois avant sa mort, que le DAUPHIN, passant en revue son Régiment de Dragons, se montra si populaire & si aimable. C'est alors qu'on le vit s'entretenir familièrement avec tous, se confondre dans la foule, demander grace pour ceux qui avoient manqué à la discipline militaire, « ne voulant pas que » personne fût malheureux dans un jour qui lui cau- » soit tant de joie ». S'adresser aux simples Soldats, & leur dire, tenant le bras de son auguste Epouse : « approchez, mes enfans, voilà ma Femme ». Parole digne du bon Henri ! scène vraiment attendrissante, que la mort de ce Prince ne sembla suivie de si près, que pour leur rendre plus douloureux le sentiment de sa perte.

F I N.